ALLES JERSEY

KLEIDER & Shirts

SABRINA KERSCHER

EIN BUCH DER
EDITION MICHAEL FISCHER

Bridget #1 –Basic-Kleid in Knallfarbe, Seite 45

Lolo #2 – Hoodie in Crop-Länge, Seite 73

Lolo #3 – Maxirock mit Gummibund, Seite 81

Inhalt

Toni #1 – in Trapezform mit Beuteltaschen, Seite 89

Wilma #1 – Kleid mit Nahtttaschen, Seite 109

Wilma #3 – Shirt mit V-Ausschnitt, Seite 119

„In ihrem schönsten Kleid wird es keiner Frau zu kalt."

COCO CHANEL

Vorwort

Erstens: Du kannst Kleider tragen.
Zweitens: Du kannst Kleider nähen.

Egal ob ein Tag im Laden, ein Spaziergang mit meinem Hund Marley, ein Lümmelabend auf dem Sofa oder die fette Party. Egal ob es regnet, schneit oder die Sonne vom Himmel brennt – ich trage Kleider. Seit ich meine Kleider selber nähe, bin ich in Windeseile für jeden Anlass und jede Witterung mit einem einzigen Griff in den Kleiderschrank komplett angezogen.

Wenn ich einmal einen perfekten Schnitt gefunden habe, der meine weiblichen Vorzüge hervorhebt und die verbliebenen Problemzonen nach drei Schwangerschaften kaschiert, darf das Kleid gerne mehrfach in den Schrank wandern. Denn genäht aus den verschiedensten Stoffen und mit minimalsten Änderungen, sieht ein und dasselbe Kleid jedes Mal wieder völlig anders aus.

Als von meiner Lektorin die Anfrage für das Buchprojekt kam, wusste ich gleich, was meine Mission sein wird: Ein Buch mit Kleiderschnitten, die du, immer wieder leicht abgeändert, in jeder Lebenslage tragen kannst und dich dabei rundum wohlfühlst.

Die vier Grundmodelle Bridget, Lolo, Toni und Wilma sind nach mir und meinen drei Töchtern benannt. Jede von ihnen unterschiedlich – genau wie die Kleider – wild, brav, verspielt, locker-lässig oder elegant.

Du wirst sehen – mit den bebilderten Schritt-für-Schritt-Anleitungen ist es spielend leicht, immer wieder neue Wohlfühlteile zu nähen. Auch für Anfänger. Ich bin selbst keine gelernte Schneiderin, sondern habe mich in den letzten Jahren langsam herangetastet und ständig neu dazugelernt. Einfach machen ist meine Devise, und mittlerweile weiß ich auch genau, welche Stoffe und Schnitte mir schmeicheln.

Du kannst das auch!

Viel Freude beim Nähen,

brina

Grundlagen

Was du können musst

Das ist gar nicht mal so viel. Du solltest dich schon ein bisschen mit deiner Nähmaschine angefreundet haben. Das bedeutet, du kennst die Grundfunktionen, weißt, wie du sie einfädeln musst und wie du die einzelnen Stiche einstellen kannst. Du solltest in der Lage sein, im Abstand von einem Zentimeter zur Stoffkante zu nähen. Dieser Zentimeter ist bei jeder Maschine markiert und die Nahtzugabe, die im gesamten Buch beibehalten wird. Wenn du noch keine Nähmaschine besitzt, gebe ich dir den Tipp, dich in einem Fachgeschäft beraten zu lassen. Probiere aus, ob sich mit den Maschinen verschiedene Stoffarten leicht nähen lassen. In unserem Fall wäre es gut, wenn deine Maschine beim Nähen mit Jersey keine Zicken macht. Lass dich nicht von unzähligen Zierstichen blenden. Denn alles, was deine Maschine können muss, ist Vorwärts- und Rückwärtsnähen, und einen Zickzackstich sollte sie haben. Wenn du nicht so viel Geld ausgeben möchtest, frage nach gebrauchten Maschinen. Denn eine alte, solide Markenmaschine näht um Welten besser als ein preislich vergleichbares Gerät aus dem Supermarkt! Wenn du dir unsicher bist, besuche erst einen Nähkurs, bevor du eine Nähmaschine kaufst. Dort kannst du dein neues Hobby zunächst einmal ausprobieren und dich mit Gleichgesinnten austauschen.

Ereldigt? Dann würde ich sagen:

Let's get the party started!

Alles Jersey – Was ist das überhaupt?

Im Gegensatz zu Webware, die wir umgangssprachlich häufig als einfache Baumwolle bezeichnen und die, wie der Name schon sagt, gewebt wird, ist Jersey ein gewirkter bzw. gestrickter Stoff. Die einzelnen gestrickten Maschen sind gut erkennbar. Aufgrund seiner Herstellung ist Jersey dehnbar und elastisch. Ursprünglich wurde Jersey aus Wolle hergestellt und erfuhr seinen ersten Durchbruch Anfang des 20. Jahrhunderts mit den Kollektionen von Coco Chanel. Somit wurde der Jersey in der Haute Couture salonfähig und löste seine bis dahin fast ausschließliche Verwendung als Herrenunterwäsche ab.

Der weiche, anschmiegsame Stoff ist atmungsaktiv und saugfähig und somit gut für körpernahe Kleidung geeignet.

Aber Jersey ist nicht gleich Jersey. Es gibt verschiedene Arten, die sich in ihrer Zusammensetzung und Strickart stark unterscheiden. Alle nun folgenden Wirkwaren sind für die Kleider in diesem Buch geeignet. Wie dein Kleid fallen, ob es elegant oder sportlich, für Sommer oder Winter geeignet sein soll, musst du dir im Vorfeld überlegen. Danach entscheidest du dich für den passenden Stoff. Meiner Meinung nach geht nichts über einen Besuch im Stoffladen, wo du den Stoff anfassen, fühlen und ihn schon mal vor dem Spiegel an dir drapieren kannst.

SINGLE JERSEY VS. DOUBLE JERSEY

Grundsätzlich unterscheidet man zwischen Single und Double Jersey.
Single Jersey, manchmal auch Trikotstoff genannt, ist ein einlagig gestrickter Stoff. Die Maschen werden nacheinander mit einem Faden gestrickt. Dabei sind auf der Vorderseite die rechten Maschen und auf der Rückseite des Stoffes die linken Maschen zu sehen. Durch das feine Maschenbild ist Single Jersey dehnbar, dünn und weich. Deshalb erfordert die Verarbeitung etwas Geduld, da sich die Ränder leicht einrollen. Beim Double Jersey dagegen werden mehrere Maschen mit mehreren Fäden gleichzeitig gewirkt. Er hat entweder beidseitig rechte oder beidseitig linke Maschen, wodurch der Stoff insgesamt schwerer und robuster fällt.

BAUMWOLLJERSEY

Baumwolljersey ist der Klassiker unter den Jerseystoffen. Er besteht entweder aus 100 % Baumwolle oder enthält einen kleinen Anteil an Elasthan. Ohne Elasthan ist der Stoff zwar dehnbar, aber nicht elastisch, das bedeutet, er springt nicht in die ursprüngliche Form zurück und kann gegebenenfalls ausleiern.

INTERLOCK JERSEY

Interlock Jersey besteht meist aus 100 % Baumwolle und ist ein zweiseitig gestrickter Stoff, bei dem beide Lagen miteinander verstrickt werden. So erscheinen auf beiden Seiten nur rechte Maschen. Dadurch ist er etwas dicker, wärmer und weicher, aber gleichzeitig auch nicht so dehnbar und elastisch wie Single Jersey. Interlock Jersey ist gut für etwas locker sitzende Kleider geeignet.

RIPPENJERSEY BZW. BÜNDCHENWARE

Dieser Strickstoff ist einlagig und wird abwechselnd mit rechten und linken Maschen gewirkt. So erscheint er auf beiden Seiten gleich. Achte beim Kauf auf einen

Elasthananteil, damit sich das Bündchen nach dem Dehnen wieder gut zusammenzieht und nicht ausleiert. Fein oder grob gerippt, eignet sich der Stoff gut für Saumabschlüsse an Ärmeln oder am Halsausschnitt.

SWEATSHIRTSTOFF

Sweat ist dem Single Jersey sehr ähnlich. Auf der rechten Seite sind die rechten Maschen sichtbar. Auf der Rückseite wird ein angerauter Futterfaden mit eingestrickt. Dadurch ist Sweat flauschig und warm.

SOMMERSWEAT ODER FRENCH TERRY

French Terry unterscheidet sich dadurch von Sweatshirtstoff, dass der Futterfaden auf der Rückseite nicht angeraut wird und somit die Schlaufen auf der linken Seite sichtbar sind. Er eignet sich für das ganze Jahr, da er nicht so warm ist.

JACQUARDJERSEY

Jacquardjersey ist ein gemusterter Jerseystoff. Er wird an zwei Nadelreihen hergestellt. Es können verschiedene Muster gestrickt werden. Durch das Variieren von Bindungen in den verschiedenen Maschenreihen können ganz unterschiedliche Muster und Strukturen entstehen. Der Stoff bietet also eine Vielfalt an Optiken.

VISKOSEJERSEY ODER MODAL

Viskose ist ein industriell hergestelltes Material aus natürlicher Zellulose. Oft wird diskutiert, ob Viskose denn nun natürlich oder chemisch ist. In jedem Fall wirkt Viskosejersey durch seinen leichten Glanz im Gegensatz zu Baumwolljersey schicker und weniger sportlich.

ROMANITJERSEY ODER PUNTO DI ROMA

Romanit, oder auch Punto di Roma genannt, ist ein feiner Strick mit zwei rechten Seiten, der durch seine feste Qualität etwas robuster wirkt und schwerer fällt. Er ist formstabil und weniger elastisch als Baumwolljersey und daher sehr gut geeignet für körpernahe, figurbetonende Kleider.

TENCEL

Tencel ist eine nachhaltige Lyocell-Faser, welche, ähnlich wie Viskose, aus aufbereiteten Holz-Zellulosefasern gewonnen wird. Tencel-Stoffe sind robust, haben einen schweren Fall und einen matten, eleganten Glanz. Dabei sind sie saugfähig, atmungsaktiv und fühlen sich auf der Haut angenehm weich an.

PFLEGEHINWEISE

- Damit du lange Freude an deinen selbstgenähten Kleidern hast, rate ich dir, dich an die Pflegehinweise zu halten. Diese findest du häufig auf der Webkante aufgedruckt.
- Wasche deine Stoffe vor dem Vernähen! Je nach Zusammensetzung und der Qualität können sie beim Waschen ein wenig einlaufen.
- Jerseystoffe sind recht pflegeleicht. Sie sollten aber nicht heißer als 40 Grad gewaschen werden, da vor allem bei einem hohen Elasthananteil die synthetischen Fasern zerstört werden und der Stoff somit an Elastizität verlieren kann.
- Verwende Fein- oder Color-Waschmittel, damit die Leuchtkraft von farbigen Stoffen erhalten bleibt.
- Das Trocknen im Trockner ist weniger ratsam, da auch hier durch die zu starke Erhitzung die Fasern geschädigt werden.

Einlagen und Kurzwaren

EINLAGEN

Es ist ratsam den Stoff an stark beanspruchten Teilen deines genähten Kleidungsstücks zu verstärken, damit es die Form behält. Außerdem erleichtert die Einlage oft das Nähen an kniffligen Stellen.

Kragenteile, Knopfleisten, Belege und Ausschnittkanten – dies sind Schnitteile, bei denen häufig Einlage zum Einsatz kommt. Das gängigste Produkt, welches du im Fachhandel findest, ist Vlieseline. Glücklicherweise sind die meisten Einlagen aufbügelbar, d. h. es verrutscht nichts und die Verarbeitung ist somit auch für Nähanfänger problemlos. An der Webkante der Vliese sind die Verarbeitungshinweise aufgedruckt, z. B. wie heiß dein Bügeleisen beim Aufbügeln eingestellt sein muss, ob du besser mit Dampf bügelst oder nicht usw.

Ich stelle dir hier einige Einlagen vor. Da es aber in diesen Anleitungen wenige Stellen gibt, an denen eine Einlage wirklich sinnvoll ist, fasse ich mich kurz.

EMPFEHLUNGEN FÜR JERSEYSTOFFE

G 785 ist eine weiche, leichte und bi-elastische Gewebeeinlage. Gut geeignet für zarte, fließende Jerseystoffe, wie Viskose oder leichte Baumwolljerseys.

H 609 verwende ich gerne für Kragenteile, z. B. Stehkragen, um dem Schnittteil etwas mehr Stand zu verleihen. Die Einlage ist eine leichte, bi-elastische Wirkeinlage aus Polyamidgarnen.

G 770 ist eine mittelschwere Gewebeeinlage aus Synthetikfasern. Gut geeignet für schwere Stoffe.

Saumfix ist ein zweiseitig aufbügelbares Saumband. Versäubere deinen Saum und bügle ihn einmal um. Lege das Saumfix in den Saum und bügle es mit einem feuchten Tuch schrittweise gut auf. Eine einfache Lösung, um einen sauberen Saum zu arbeiten, ohne zu nähen.

Framilonband ist ein nähbares Band mit sehr hoher, dauerhafter Elastizität zum Sichern von elastischen Nähten sowie für Kräuselungen.

KURZWAREN

Kommen wir nun zum „Schnickschnack", mit dem du deinem Kleid den letzten Schliff verpassen kannst: Paspeln, Bänder, Gummilitzen, Schrägband, Spitze. Achte darauf, dass sie für dehnbare Stoffe geeignet sind, vor allem an Stellen, die unbedingt dehnbar bleiben müssen!

Qualitiativ hochwertiges Garn ist unerlässlich. Wenn du nicht die richtige Garnfarbe zu Hause hast, verwende einen etwas helleren Farbton. Natürlich kann auch ein Kontrastgarn hübsch aussehen, aber denke daran, die Naht wird sich abheben und besonders stark auffallen. Also schön akkurat nähen!

Nützliche Nähhelfer

Zum Nähen gehören nicht nur Nähmaschine und Stoff. Du brauchst auch eine solide Grundausstattung an Nähhelfern, ohne die du nachts nicht mehr schlafen willst – na ja, fast.

MESSEN

Das Maßband ist wohl das klassischste Werkzeug, wenn man an einen Schneider denkt. Locker um den Hals gehängt, macht das ganz schön was her. Du brauchst es eigentlich immer zu Beginn deiner Näharbeiten. Vor allem dann, wenn du Kleidung nähst und die richtige Größe ermitteln möchtest. Danach kannst du es erst mal getrost zur Seite legen.
Das Handmaß dagegen liegt bei mir immer bereit. Es ist ca. 20 cm lang und aus Kunststoff. Dadurch lässt es sich gut biegen und hält so einige Belastung aus (solltest du einmal beim Nähen die Nerven verlieren). Du kannst damit kurze Strecken messen und durch die Zacken prima Nahtzugaben und Passmarken anzeichnen.

SCHNEIDEN

Ohne eine gute Stoffschere geht gar nichts. Investiere einmal in ein qualitativ hochwertiges Modell, das gut in der Hand liegt, und du wirst lange Freude daran haben. Mit der Stoffschere schneidest du nur Stoff, ich wiederhole: NUR Stoff. IMMER. Für alles andere verwende eine Papierschere, also z. B. zum Schneiden der Papierschnitte, Reißverschlussenden usw. Falls deine Nähmaschine keinen Fadenabschneider hat, ist eine kleine Fadenschere ebenfalls sinnvoll. Und zu guter Letzt dein vielleicht neuer bester Freund: der Nahtauftrenner. Bei den meisten Nähmaschinen ist dieser beim Zubehör dabei. Falls nicht, solltest du dir einen zulegen. Denn manchmal geht eben etwas schief. Dann heißt es: Ruhe bewahren und in aller Ruhe auftrennen. Ruhe bewahren ist dabei ganz wichtig.

MARKIEREN

Eine Schneiderin verwendet die klassische Schneiderkreide. Quadratisch, praktisch, gut. Finde ich gar nicht. Denn wenn was zu Boden fällt, ist es natürlich die Schneiderkreide, und die zerbricht dann in viele kleine Stücke … Deswegen verwende ich am liebsten ein Kreiderad. Kreidepulver kannst du in verschiedenen Farben nachfüllen und durch das Rädchen zeichnest du immer schön feine Linien. Trickmarker sind wie Filzstifte und okay, allerdings habe ich die Erfahrung gemacht, dass sie schnell austrocknen, und bleibe deshalb dem Kreiderad treu.

STECKEN

Gesteckt wird die ganze Zeit und immer wieder. Ich verwende fast ausschließlich Stecknadeln mit bunten Köpfen. Es passiert ständig, dass Stecknadeln überall herumfliegen, am Boden, am Tisch, überall. Das ist mit kleinen Kindern oder Haustieren ganz schön gefährlich. Die bunten Nadelköpfe sieht man gut. Und zum Einfangen benutze ich mein magnetisches Nadelkissen. Magic! In meinen Anfängernähkursen empfehle ich auch gerne Stecknadeln mit flachen Köpfen, denn über diese kann man auch mit der Nähmaschine drübernähen. Allerdings nur, wenn du immer senkrecht zur Naht steckst! Außerdem gibt es noch Wonder Clips, das sind Klammern aus Kunststoff, die die Stofflagen zusammenhalten, ähnlich wie Wäscheklammern. Diese verwende ich gerne bei dickeren Stofflagen oder beim Reißverschlusseinnähen.

ZEICHNEN

Zum Übertragen der Schnittmuster verwende ich Baufolie aus dem Baumarkt. Diese ist weitaus strapazierfähiger und langlebiger als das übliche Schnittmusterpapier. Das kann man auch mal zerknüllen und mit Nadeln pieksen, und es sieht immer noch aus wie neu. Zudem ist es günstiger als Schnittmusterpapier.

Prym

Rock die Overlock

Eine Overlockmaschine näht und versäubert in einem Schritt. Die überschüssige Nahtzugabe schneidet sie dabei gleich mit ab, und dein Kleidungsstück sieht auch von innen schön aus. Ein Traum, oder? Ganz im Ernst – wenn du wirklich viel nähst und vor allem mit Jersey, solltest du irgendwann darüber nachdenken, dir eine Overlockmaschine zu gönnen. Sie macht das Nähleben wirklich um einiges schöner und einfacher. Aber: Eine Overlockmaschine ersetzt niemals eine normale Nähmaschine, sie ist nur eine Ergänzung. Sie macht genau dort weiter, wo eine Nähmaschine an ihre Grenzen stößt, vor allem bei der Verarbeitung von dehnbaren Stoffen.

Diese Overlock arbeitet mit zwei Greifern (Obergreifer und Untergreifer) und zwei Nadelfäden, die miteinander verschlungen werden und somit die Naht bilden. Overlocknähte sind dehnbar, strapazierfähig und wesentlich schneller genäht, als eine Haushaltsmaschine das kann.

STICHLÄNGE

Genau wie bei der normalen Nähmaschine, kann auch bei der Overlock die Stichlänge verändert werden. Grundsätzlich gilt: Leichte, dünne Stoffe eher mit größerer Stichlänge nähen, dickere und festere Stoffe eher mit kleinerer Stichlänge.

Je länger die Naht, desto weniger belastbar ist sie. Das bedeutet nicht, dass du immer mit kleinster Stichlänge nähen sollst, denn dann ist die Naht auch weniger flexibel und dehnbar. Eine Stichlänge zwischen 2 und 3 ist gut geeignet für dehnbare Stoffe.

DIFFERENTIALTRANSPORT

Was für ein Unwort, Hilfe! Die meisten Overlockmaschinen haben ihn, und er ist in meinen Augen auch nicht wegzudenken. Bei einer Overlock mit Differentialtransport ist der Transporteur in einen vorderen und hinteren Transport unterteilt. Diese beiden können sich in unterschiedlichen Geschwindigkeiten bewegen. Damit lässt sich verhindern, dass sehr dehnbare Stoffe beim Vernähen ausgedehnt werden. Du kannst den Differentialtransport aber auch gezielt einsetzen, um z. B. einen Stoff zu kräuseln.

FADENSPANNUNG

Grundsätzlich kann man sich bei der Fadenspannung auf die Grundeinstellungen verlassen. Selten verändere ich etwas an der Fadenspannung. Bei einigen Stoffen ist es aber sinnvoll, die Spannungen der Greifer oder die der Nadeln etwas zu lösen oder fester zu stellen. In der Bedienungsanleitung deiner Overlockmaschine findest du weitere Hinweise und Tipps dazu.

Ich arbeite am häufigsten mit der 4-Faden-Overlocknaht. Zum alleinigen Versäubern würde auch eine dreifädige Naht ausreichen, aber ich bin ehrlich gesagt immer ein bisschen zu faul, jedes Mal die Nadel ein- und auszusetzen. Das Einfädeln ist tatsächlich ein Fall für sich und eine Geduldsprobe. Aber genau wie beim Nähen gilt: Einfach machen! Übung macht den Meister!

L 450
BERNINA
BERNINA
mtc

DIE NAHT AM ANFANG SICHERN

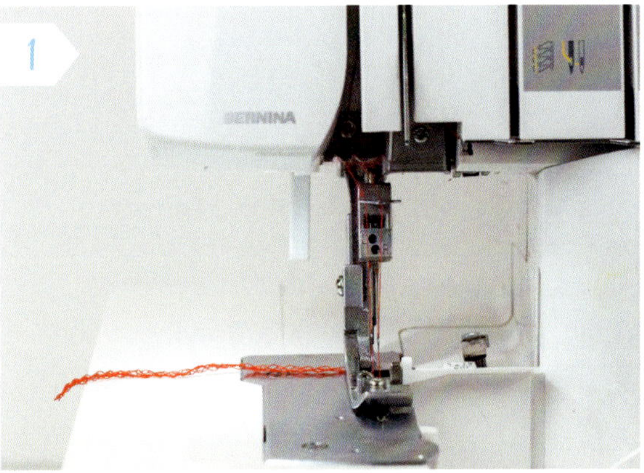

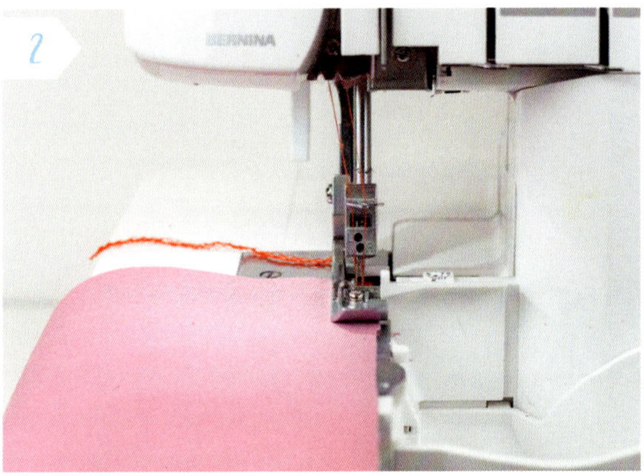

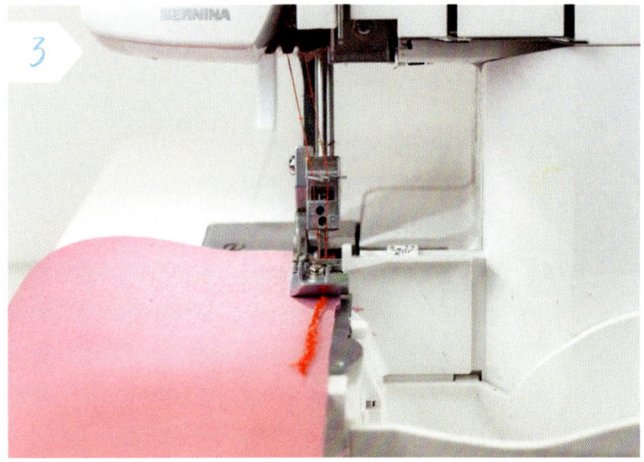

1. Lass eine Fadenkette von ca. 5 cm stehen, bevor den Stoff unter das Nähfüßchen legst.
2. Lege den Stoff ein und nähe 1–2 cm, bis du die Fadenkette greifen kannst.
3. Hole die Kette nach vorne und nähe darüber, ohne sie zu zerschneiden. So wird das Ende vernäht und kann nicht mehr auftrennen.
4. Nähe ca. 3–4 cm und schneide die Fadenkette dann mit dem Messer ab, indem du sie zur Seite auslaufen lässt.

DIE NAHT AM ENDE SICHERN

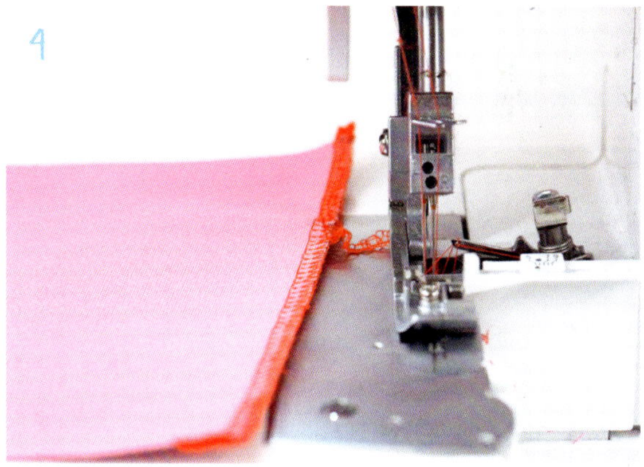

1. Nähe am Ende der Naht ein paar Stiche ins Leere.
2. Lasse die Nadeln im Stoff und hebe das Nähfüßchen an.
3. Drehe den Stoff um und lege ihn nach vorne zu dir.
4. Nähe ein paar Zentimeter und lasse die Naht dann nach rechts auslaufen. Verknote die Enden.

Jersey nähen mit der Nähmaschine

Natürlich kannst du deine Kleider auch mit einer ganz „normalen" Nähmaschine nähen. Es gibt nur ein paar wichtige Dinge, auf die du bei der Verarbeitung von Jersey achten solltest.

LASS DIE MASCHINE MACHEN!

Die kann das nämlich ganz gut. Vor allem bei Jersey ist es wichtig, während des Nähens nicht am Stoff zu ziehen oder zu schieben. Das machen wir manchmal ganz unbewusst, deshalb solltest du darauf gut achten. Die Maschine führt! Andernfalls entstehen unschöne Wellen, die nach dem Nähen oft nicht mehr ausgebessert werden können. Bügeln hilft!

DIE RICHTIGEN NADELN

Für die Verarbeitung von Jersey solltest du spezielle Nähmaschinennadeln verwenden. Jerseynadeln haben eine leicht abgerundete Spitze, wodurch gewirkte Stoffe nicht beschädigt werden. Die Nadel findet den Weg zwischen den einzelnen Maschen und verdrängt die Stofffasern, ohne sie zu durchstechen. Jerseynadeln gibt es in verschiedenen Stärken. Verwende eine Stärke von 75 für feine Stoffe, 80 für Sommersweat und 90 für schwere Stoffe.

Maschine frisst Stoff. Ein leidiges Thema. Manchmal kann es passieren, dass zu Beginn deiner Naht der Stoff nach unten in die Stichplatte gezogen wird. So kannst du es verhindern:

- Verwende eine Jerseynadel.
- Beginne mit dem Nähen etwas weiter im Stoff und nicht zu nah an der Kante.
- Nähe ein paar Stiche nach vorne und dann erst zurück, wieder nicht über die Kante hinaus.
- Wenn du den Dreifach-Geradstich verwendest, brauchst du am Anfang nicht zu vernähen. Glaub mir, diese Naht ist fest. Außerdem nähst du in einem nächsten Schritt wieder über denselben Nahtanfang, und somit ist die Naht dann zusätzlich gesichert.

GEEIGNETE STICHARTEN

Beim Nähen mit Jersey sollten Stretchstiche verwendet werden, damit die Naht dehnbar bleibt. Du hast dabei diese verschiedenen Möglichkeiten:

DER ZICKZACKSTICH

Wenn du eine einfache oder schon etwas ältere Nähmaschine ohne viele Sticharten hast, eignet sich der einfache Zickzackstich am besten. Behalte die automatische Stichlänge bei und stelle lediglich die Stichbreite etwas schmaler, zwischen 1 und 1,5, ein. Je schmaler der Stich eingestellt ist, desto weniger dehnbar ist deine Naht.
Der Zickzackstich wird auch zum Versäubern von Nähten verwendet. Da die Stoffkanten bei Jersey nicht ausfransen, muss nicht zwingend versäubert werden. Wenn du das trotzdem tun möchtest, stelle die Stichlänge auf 3,5–4,5 und die Stichbreite sehr breit ein. Zum Versäubern nähst du nun so an der Kante entlang, dass die linken Stiche im Stoff nähen und die rechten Stiche neben dem Stoff ins Leere stechen.

DER DREIFACH-GERADSTICH

Der Monsterstich schlechthin. Denn diese Naht aufzutrennen ist ein Albtraum. Ich stelle die Stichlänge immer auf 4, dadurch geht es etwas schneller und die Naht ist immer noch dehnbar und reißfest.

DER ELASTIKSTICH

Der Elastikstich ist schmal und dehnbar und für mich der sinnvollste Stich zum Jersey nähen. Die Naht besteht aus versetzten, schrägen Stichen und sieht ein bisschen aus wie ein verzogener Zickzackstich.

DIE NAHT MIT DER ZWILLINGSNADEL

Für diese Naht brauchst du eine Zwillingsnadel. Die Naht ist dehnbar, da sie doppelt gesteppt ist – aus zwei Oberfäden und einem Unterfaden, der im Zickzack verläuft. Die Naht eignet sich gut für Saumabschlüsse, die dehnbar bleiben müssen, z. B. Ärmelabschlüsse. Denke daran, auf rechts zu nähen, da auf der Rückseite, wie gesagt, der Zickzackstich zu sehen ist.

PSEUDO-OVERLOCKSTICH

Mit verschiedenen Overlock-Zierstichen kann eine Overlocknaht imitiert werden. Das heißt, der Stoff wird genäht, und gleichzeitig werden die Kanten versäubert. Bedenke aber, dass du mit nur einer Nadel und einem Oberfaden nähst. Diese Naht dauert also viel länger als das Nähen mit der Overlockmaschine. Außerdem sollte deine Nahtzugabe bereits sauber abgeschnitten sein, damit die Kanten ordentlich eingefasst werden können.

Die richtige Größe nähen

Jetzt geht es ans Eingemachte! Du musst dich vermessen. Ganz ehrlich, welche Größe am Ende auch herauskommt, es ist nicht wichtig und heißt NICHTS. Du sollst dich in deinem Kleid wohlfühlen, das ist alles, was zählt. Um sicherzustellen, dass dir dein Kleid passt, ist es sehr wichtig, dich genau auszumessen, damit du weißt, welche Größe du nähen musst.

Kommen wir also zur Stelle, an dem dein Maßband endlich einmal zum Einsatz kommt. Achte darauf, aufrecht zu stehen. Am besten bist du nur leicht bekleidet in Unterwäsche. Lege das Maßband um die jeweilige Körperstelle, nicht so stramm, dass es einschneidet, aber auch nicht zu locker. Es sollte glatt am Körper anliegen. Im besten Fall hast du jemanden zur Seite, der dir dabei hilft. Das macht es einfacher.

In diesem Buch wird mit der unteren Standardmaßtabelle gearbeitet. Für die Modelle wird eine Körperlänge von 168 cm angenommen. Das ist insofern ganz praktisch, als dass das nämlich genau meine Körpergröße ist. Das heißt, du kannst die Längen auf den Fotos so ganz gut einschätzen.

Um die richtige Größe zum Nähen zu ermitteln, sind folgende Maße wichtig:

Körperlänge: Miss ohne Schuhe vom höchsten Punkt des Kopfes bis zur Fußsohle.

Brustumfang: Miss an der stärksten Stelle der Brust. Achte dabei darauf, dass das Maßband am Rücken auf gleicher Höhe liegt.

Taillenumfang: Miss unterhalb der schmalsten Stelle deines Körpers zwischen unterem Rippenbogen und Hüftknochen.

Hüftumfang: Miss an der stärksten Stelle des Gesäßes.

Oberarmumfang: Miss an der stärksten Stelle unterhalb der Achselhöhle.

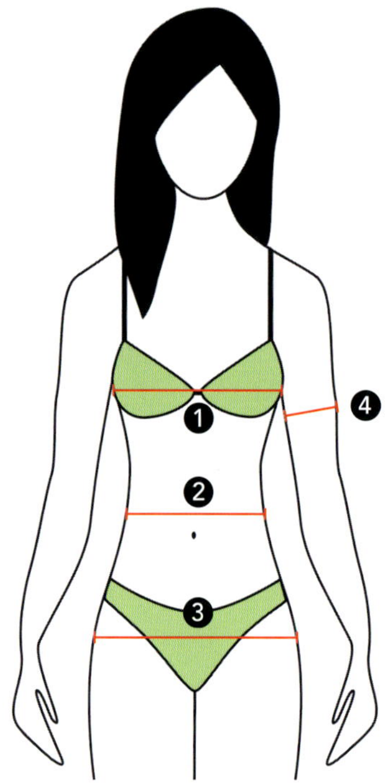

	34	36	38	40	42	44
Körperlänge	168 cm	168 cm	168 cm	168 cm	168 cm	168 cm
❶ Brustumfang	82 cm	85 cm	88 cm	92 cm	96 cm	100 cm
❷ Taillenumfang	66 cm	69 cm	72 cm	76 cm	80 cm	84 cm
❸ Hüftumfang	91 cm	94 cm	97 cm	101 cm	105 cm	109 cm
❹ Oberarmumfang	26 cm	27 cm	28 cm	29 cm	30 cm	31 cm

Schnittmuster anpassen

Du findest nicht eine Größe, zu der alle deine Maße passen? Das ist das Schöne am Nähen – wir passen einfach an, bis es uns gefällt!

UNTERSCHIEDLICHE MASSE, UNTERSCHIEDLICHE GRÖSSEN

Angenommen dein Brustumfang entspricht Größe 36, dein Hüftumfang Größe 38. Lege deine Schnittmusterfolie auf das Schnittmuster und markiere die Größen an den jeweiligen Stellen entsprechend deiner Maße.

Nun verbindest du die Punkte. Achte auf eine harmonische Linie ohne Ecken und Kanten.

Dabei ist es wichtig, die Armausschnitte am Vorderteil und am Rückteil im Brustbereich und die Ärmel immer in derselben Größe zuzuschneiden, damit die Ärmel auch richtig in die Armkugeln passen. Wenn dein Oberarmumfang nicht zur Größe des Brustumfangs passt, übertrage die Armkugel des Oberteils in deiner Größe auf das Oberteil, das zu deinem Brustumfang passt.

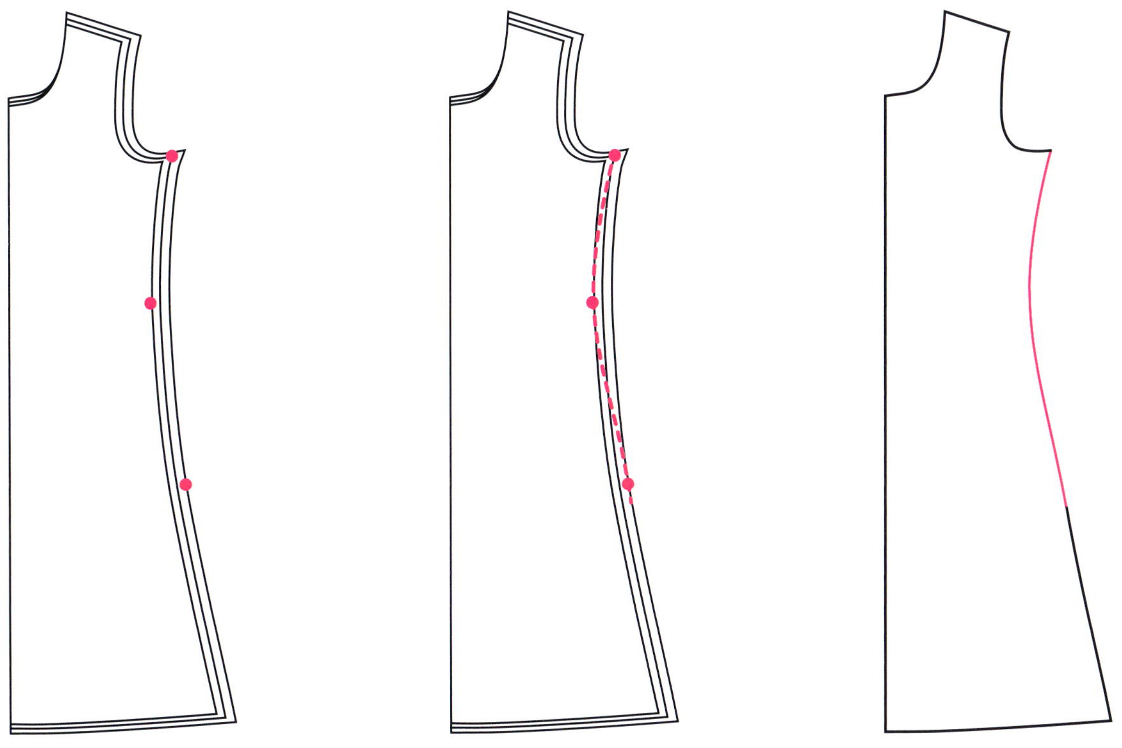

KÜRZEN UND VERLÄNGERN

Um dein Kleid zu kürzen oder zu verlängern, kann es ratsam sein, dies nicht ausschließlich am Saum vorzunehmen. Denn es kommt darauf an, an welcher Stelle das Kleid kürzer oder länger sein soll. Wenn du z. B. einen kurzen oder langen Oberkörper hast, musst du auch entsprechend das Oberteil verändern.

KÜRZEN

Zeichne auf Höhe des Taillenknipses eine waagerechte Linie ein (senkrecht zum Fadenlauf). Nun zeichnest du oberhalb bzw. unterhalb dieser Linie jeweils eine weitere Linie ein. Die Linien haben beide den gleichen Abstand zur Mittellinie, nämlich die Hälfte deines gewünschten Stücks, um das gekürzt werden soll. Du möchtest z. B. um 5 cm kürzen, also haben deine beiden neuen Linien einen Abstand von 2,5 cm zur Mittellinie. Nun faltest du das Schnittteil so, dass die beiden neuen Linien genau aufeinandertreffen. Passe die seitlichen Überstände wieder harmonisch an.

VERLÄNGERN

Zeichne auch hier auf Höhe des Taillenknipses eine waagerechte Linie (senkrecht zum Fadenlauf) ein. Schneide dein Schnittteil an dieser Stelle auseinander. Füge einen Streifen in deiner gewünschten zusätzlichen Länge ein und zeichne die Seitenlinie im Verlauf nach.

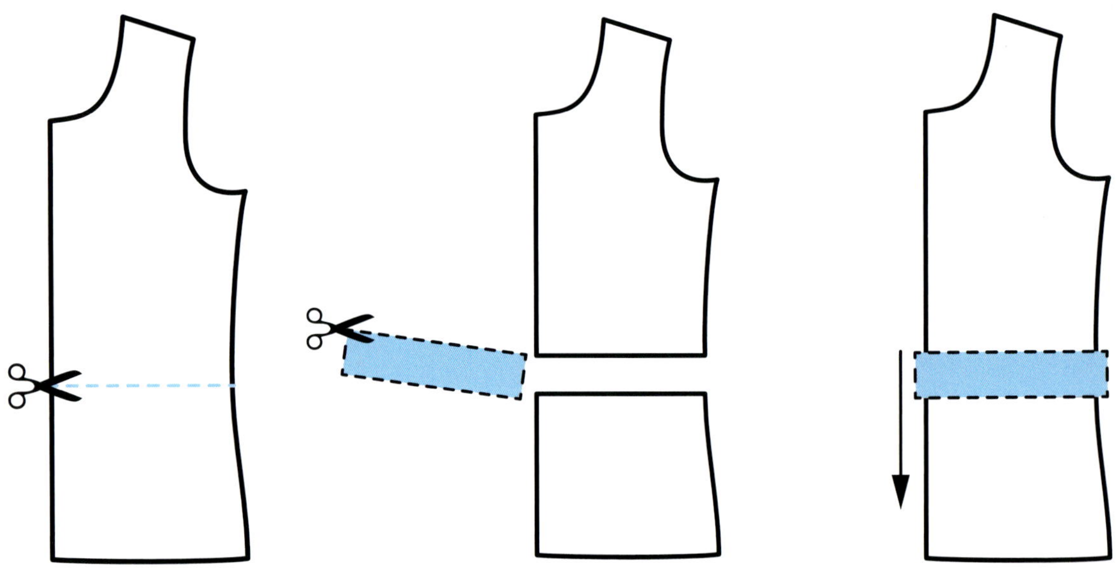

Vorbereiten und zuschneiden

Bevor es endlich an die Nähmaschine geht, ist nun noch einiges an Vorarbeit zu leisten. Meist ist es sogar so, dass dieser Prozess der Vorbereitung länger dauert als das Nähen selbst. Dabei ist wichtig, von Anfang an genau zu arbeiten und sich die Zeit zu nehmen, dann kann beim Nähen später nichts mehr schiefgehen.

SCHNITT ÜBERTRAGEN

Es ist also der Moment gekommen, die Schnittmuster aus dem Buch zu nehmen. Keine Angst vor den riesigen Bögen, es ist alles halb so wild!

Zerschneide nie einfach den Papierbogen, weil du meinst, du brauchst den Rest nicht mehr. Du wirst ihn brauchen! Lege die Schnittmusterfolie auf deinen Papierbogen und zeichne nun alle für dein Kleid relevanten Schnittteile in deiner Größe mit einem wasserfesten Stift nach. Das sind meist Vorderteil, Rückteil und Ärmel. Eventuell Kapuze, Ausschnitt- und Bündchenstreifen. Übertrage wirklich alle Informationen: alle noch so kleinen Knipse und auch die Fadenlaufpfeile. Wichtig ist, jedes einzelne Schnittteil ordentlich zu beschriften. Welches Modell? Welche Größe? Welches Schnittteil? Damit du später alles problemlos zuordnen kannst. Schneide die Schnittteile aus der Folie aus.

STOFF ZUSCHNEIDEN

Dein Stoff wurde sorgsam ausgewählt, gewaschen und gebügelt. Bevor du die Schnittteile auflegst und ausschneidest, achte auf folgende Dinge:

STOFFVERBRAUCH

Bei den einzelnen Modellen habe ich angegeben, wie viel Stoff du ungefähr benötigst. Dein Stoffverbrauch hängt davon ab, wie breit der Stoff liegt, ob du bestimmte Muster an einer bestimmten Stelle haben möchtest und für welche Versionen und Längen du dich entscheidest. Am besten nimmst du die Schnittteile immer mit in den Stoffladen. Dort kann der Schnitt einmal grob aufgelegt werden, um so den Verbrauch besser abzuschätzen.

FADENLAUF

Der Fadenlauf ist immer als Pfeil auf jedem Schnittteil eingezeichnet. Den Fadenlauf zu beachten ist eines der wichtigsten Dinge beim Nähen. Denn du kennst doch sicher diese T-Shirts, die nach dem Waschen ganz verzogen und mit schiefen Nähten auf deinem Bügelbrett liegen. Das liegt daran, dass der Fadenlauf nicht beachtet wurde. Stoffe sind in den unterschiedlichen Richtungen unterschiedlich dehnbar. Die meisten Stoffe laufen beim Waschen in der Länge ein bisschen ein. Wenn du also die Schnittteile kreuz und quer ausschneidest, vielleicht um Stoff zu sparen, gehen die Teile auch in den unterschiedlichen Richtungen ein und alles verzieht sich.

Der Fadenlauf verläuft immer parallel zur Webkante. Wenn keine Webkante mehr am Stoff zu sehen ist, dehne deinen Stoff. Der Fadenverlauf verläuft immer in die Richtung, in der man nicht so weit dehnen kann. Das macht Sinn, denn dein Kleid muss sich in der Breite dehnen, nicht in der Länge. Auch das Muster hilft dir, die Schnittteile richtig aufzulegen. Du möchtest ja nicht, dass die Blumen Kopf stehen, oder?

RECHTE SEITE, LINKE SEITE

Beim Nähen spricht man immer von einer linken und von einer rechten Stoffseite. Die rechte Stoffseite ist die schöne Seite, die bedruckte Seite, die Seite, die außen zu sehen sein soll. In den Anleitungen wird immer der Satz „Lege die Schnittteile rechts auf rechts“ verwendet. Das bedeutet, dass die schönen Seiten aufeinanderliegen und du auf der linken Stoffseite nähst. Wir wollen ja keine sichtbaren Nähte, oder?

STOFFBRUCH

Symmetrische Schnittteile sind meist nur zur Hälfte auf dem Schnittmusterbogen aufgedruckt. An den Schnittteilen ist die Bruchkante eingezeichnet. Das heißt, an dieser Stelle faltest du deinen Stoff, legst das Schnittteil mit der Bruchkante direkt auf diese Falte und schneidest ihn an dieser Stelle nicht durch. Wenn du das Teil nach dem Ausschneiden auseinanderklappst, liegt ein komplettes Vorderteil vor dir, nicht nur ein halbes. An Bruchkanten wird keine Nahtzugabe dazugegeben.

NAHTZUGABEN

Wenn du zwei Schnittteile zusammennähst, kannst du das nicht direkt an der Schnittkante tun, sondern nähst ein bisschen im Stoff. Der Abstand deiner Naht zur Schnittkante wird Nahtzugabe genannt. Nahtzugaben musst du dem Schnittteil selbst noch dazugeben, bevor du den Stoff ausschneidest. Das sind heutzutage 0,7–1 cm. Ich sage bewusst heutzutage. Denn eine gelernte Schneiderin hat früher mehr Nahtzugabe dazugegeben. Damit man nämlich später auch „etwas rauslassen" kann, z. B. einen Rock verlängern, ein Dirndl erweitern usw. 0,7 cm ist ein beliebtes Maß für die Nahtzugabe, da du dann füßchenbreit nähen kannst. Das bedeutet, dass beim Nähen der rechte Füßchenrand genau an der Außenkante des Stoffs entlanggeführt wird, was gerade für Nähanfänger einfacher ist. Letztendlich bestimmst du selbst, wie viel Nahtzugabe du hinzugibst. Wichtig ist nur, dass du diese dann auch wieder genauso „wegnähst", damit dein Kleid dann exakt die Größe hat, die es haben soll. An deiner Nähmaschine findest du verschiedene Markierungen auf der Stichplatte. Wenn deine Nahtzugabe nicht dabei ist, markiere sie dir z. B. mit einem Streifen farbigen Klebebands.

SAUMZUGABE

Der Saum ist die umgenähte Stoffkante deines Kleides und somit der Abschluss. Hier verhält es sich ähnlich wie bei der Nahtzugabe. Je nachdem für welchen Saumabschluss du dich entscheidest, ob deine Ärmel Bündchen haben sollen oder ob du den Saum einmal oder zweimal umschlagen willst, musst du entsprechend Saumzugabe hinzufügen. Bei einem Saumabschluss mit Bündchen reicht die normale Nahtzugabe. Wenn dein unterer Saum breiter sein soll, fügst du demzufolge mehr Saumzugabe dazu.

Lege nun alle deine Schnittteile im Fadenlauf auf den Stoff auf und fixiere sie mit Stecknadeln, damit nichts verrutscht. Zeichne um alle deine Schnittteile herum die Nahtzugabe mithilfe des Handmaßes und der Schneiderkreide an. Denke dabei auch an alle Knipse und Passmarken. Diese kannst du entweder auch mit Kreide anzeichnen oder mit einem kleinen Knips innerhalb der Nahtzugabe einschneiden.

Wenn du Einlage verwendest, bügle diese zuerst gemäß den Anweisungen auf den Stoff auf und schneide das Schnittteil dann aus.

So, jetzt schneiden! Trau dich!

Grundanleitungen

Die Anleitungen für die einzelnen Modelle findest du im Projektteil. Die Varianten sollen für dich als Inspiration dienen und zeigen, wie vielfältig die vier Grundmodelle sind. Darüber hinaus gibt es aber noch endlos viele Möglichkeiten, wie du deine Kleider nähen kannst: verschiedene Längen, unterschiedliche Halsausschnitte und Saumabschlüsse. In diesem Teil stelle ich dir die gängigsten Vorgehensweisen vor, die du für jedes Modell, je nach Lust und Laune, anwenden kannst.

SÄUME

Grundsätzlich musst du gar nicht säumen, denn Jersey franst an den Kanten nicht aus. Das kann tatsächlich bei einigen Modellen sehr lässig aussehen. Du musst dir überlegen, welchen Stil dein Kleid haben soll. Sportlich, lässig oder clean und schick. Danach entscheidest du dich für eine Saumverarbeitung. Mein liebster Saum ist der offenkantige Saum mit der Overlockmaschine. Das geht für mich am schnellsten und wird auch ohne Stecken gerade.

DER OFFENKANTIGE SAUM

Da Jersey nicht ausfranst, kannst du den Saum offenkantig nähen. Das bedeutet, du schlägst deine Saumzugabe lediglich einmal nach innen um, bügelst und steckst sie fest.

Ich nähe den Saum gerne von links. Dabei musst du beachten, dass dein Unterfaden die richtige Farbe hat. Denn dieser ist dann auf der rechten Seite sichtbar.

Wenn du eine Zwillingsnadel verwendest, nähst du den Saum immer von rechts, da auf der Rückseite ein Zickzackstich erscheint.

Obwohl es nicht zwingend notwendig ist, versäubere ich den Saum immer mit der Overlockmaschine, bevor ich ihn umschlage. Das sieht einfach sauberer aus.

DER EINGESCHLAGENE SAUM

Der eingeschlagene Saum sieht immer noch einen Ticken ordentlicher aus, weil innen keine offenen Nähte sichtbar sind. Dafür schlägst du die Stoffkante gemäß deiner Saumzugabe zweimal um und nähst sie dann knappkantig fest.

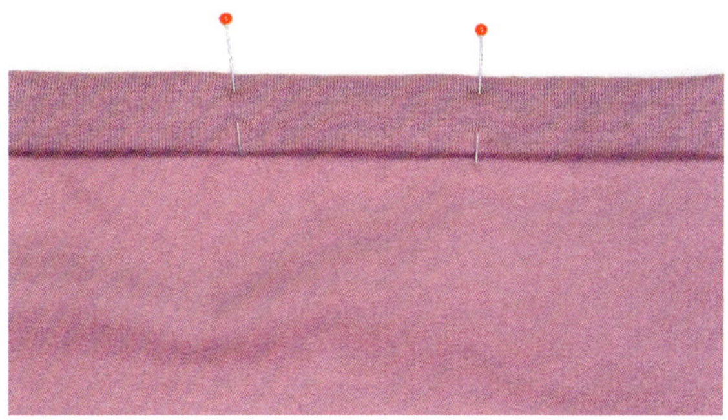

FAKEBÜNDCHEN

Diese Variante kannst du auch am unteren Saum verwenden. Schöner finde ich sie allerdings an den Ärmeln.

1. Gib bei deinem Schnittteil mindestens 5 cm Saumzugabe hinzu. Schlage diese einmal nach außen um.
2. Nun klappst du die Hälfte der Zugabe wieder zurück zur Bruchkante.
3. Stecke die Naht fest.
4. Nähe nun einmal mit einem elastischen Stich oder der Overlockmaschine rundherum. Klappe den Saum um und bügle gegebenenfalls das Bündchen flach.

HALSAUSSCHNITT

Es gibt viele Möglichkeiten einer schönen Halsausschnittverarbeitung. In diesem Buch gibt es für jedes Modell einen Halsstreifen. Du kannst dafür denselben Stoff wie für das Kleid verwenden oder aber eine Kontrastfarbe oder Bündchenstoff. Da alle Stoffe unterschiedlich stark dehnbar sind, stecke deinen Streifen einmal grob rundherum fest und teste, ob er gedehnt gut an deinen Halsausschnitt passt. Gegebenenfalls musst du ihn etwas länger oder kürzer zuschneiden. Grundsätzlich sollten die Schnittteile aber für Jersey, Sweat und Bündchen gut passen.

RUNDHALSBÜNDCHEN

1

2

3

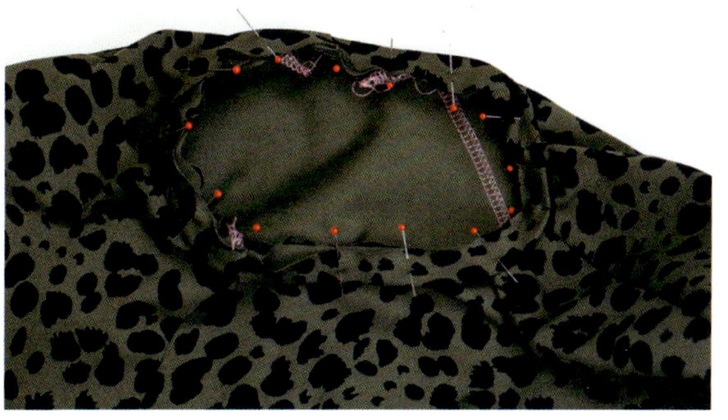

4

1. Lege den Streifen rechts auf rechts und schließe die kurze Seite mit einer elastischen Naht.
2. Klappe den Streifen links auf links zusammen und bügle ihn. Die offenen Seiten zeigen nach oben. Setze nun Stecknadeln an der vorderen und hinteren Mitte und an den Knipsen für die Schulternähte. Die Naht des Halsstreifens trifft auf die Mitte des Rückteils. Markiere auch vordere und hintere Mitte am Ausschnitt.
3. Stecke den Streifen rechts auf rechts am Halsausschnitt fest. Zunächst die Markierungen aufeinander und dann den Rest leicht gedehnt und bündig.
4. Beim Nähen den Streifen gleichmäßig dehnen. Klappe den Streifen nach oben und bügle ihn. Steppe die Nahtzugabe mit einem dehnbaren Stich rundherum ab. Diese Naht ist sichtbar und für Nähanfänger oft eine kleine Herausforderung.

ÄRMELSAUM

Es gibt unterschiedliche Möglichkeiten, den Ärmelsaum zu nähen. Du kannst den Saum schlicht offenkantig oder eingeschlagen nähen, wie auf S. 26 erklärt.

ÄRMELBÜNDCHEN

Eine weitere Möglichkeit ist ein Ärmelbündchen. Die Verarbeitung ist die gleiche wie beim Halsausschnitt mit Bündchen auf S. 29. Die Bündchenteile auf dem Schnittbogen beziehen sich dabei immer auf die Grundlänge des Ärmels. Natürlich kannst du deinen Ärmel aber auch nach Belieben kürzen oder verlängern. Dafür „bastelst" du dir dann dein eigenes Bündchen-Schnittteil.

4

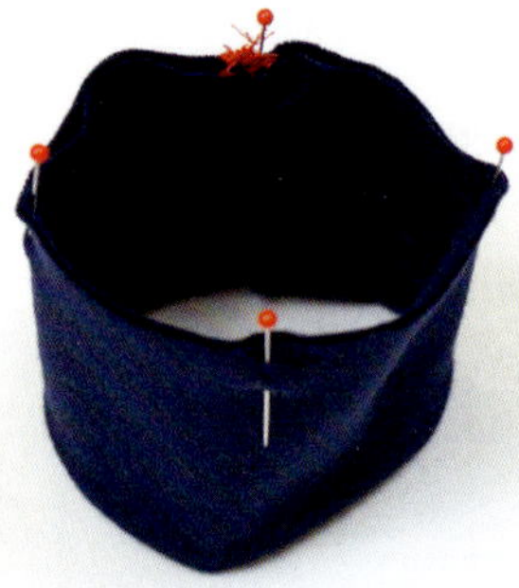

3

5

1. Miss zuerst den Umfang deines Ärmelsaums mit dem Maßband. Multipliziere dieses Maß mit 0,7 bei Bündchenstoff und 0,8–0,9 bei Jerseystoffen, plus Nahtzugabe. Das ist die Länge deines Bündchens. Dieses Maß ist ein Richtwert. Es hängt immer davon ab, wie stark sich dein Stoff dehnt.
2. Entscheide nun, wie breit dein Bündchen am Ende sein soll. Da dein Bündchen einmal im Bruch, also doppelt angenäht wird, nimm dieses Maß mal zwei plus Nahtzugaben. Schneide dein Bündchen aus dem Stoff aus.
3. Falte das Ärmelbündchen rechts auf rechts im Fadenlauf zusammen und nähe die Seitenkanten mit einem dehnbaren Stich zusammen.
4. Lege das Bündchen in der Höhe links auf links. Die rechten Stoffseiten sind sichtbar. Teile das Bündchen in vier gleiche Teile und markiere die Viertel mit Stecknadeln.
5. Teile auch deinen Ärmelsaum in vier gleiche Teile und stecke dann dein Bündchen mit den offenen Kanten rechts auf rechts auf den Ärmelsaum. Achte darauf, dass die Seitennähte und Stecknadeln aufeinandertreffen.

6

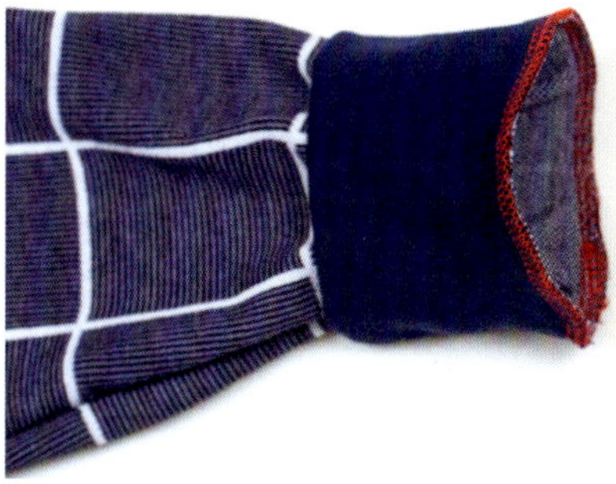

7

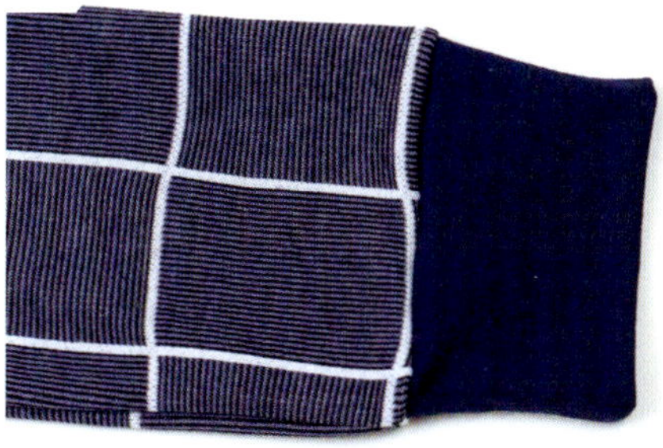

6. Nähe das Bündchen gleichmäßig gedehnt mit einem dehnbaren Stich am Ärmelsaum fest.
7. Klappe das Bündchen nach vorne. Du brauchst die Nahtzugaben hier nicht zwingend noch einmal abzusteppen.

Tipp Der Puffärmel beim Kleid Bridget #3 (siehe S. 54) hat einen etwas weiteren Saum. Kräusele den Ärmelsaum zuerst ein bisschen ein und nähe dann das Bündchen an, das hat einen hübschen Effekt und macht das Zusammennähen leichter.

V-AUSSCHNITT MIT BÜNDCHEN

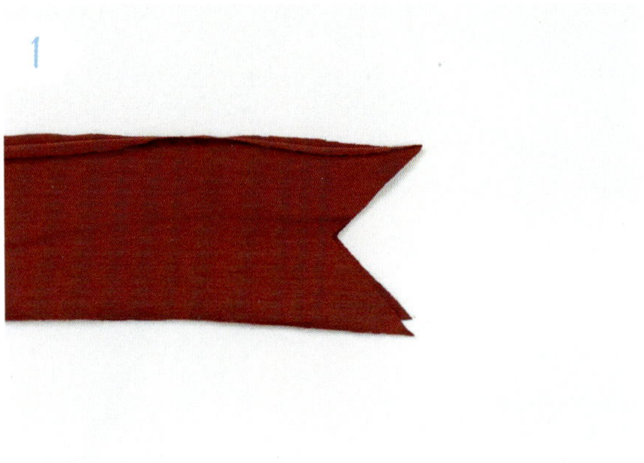

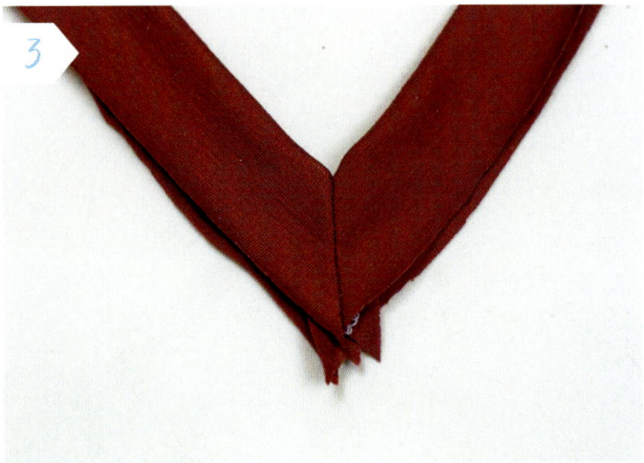

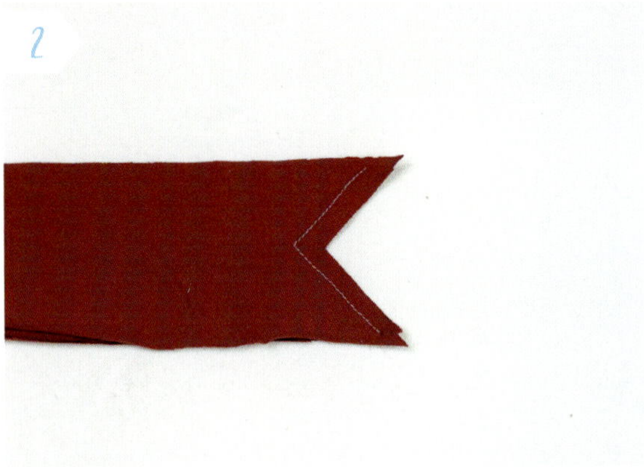

1. Lege den Streifen der Höhe nach links auf links zusammen. Schräge die Enden im 45-Grad-Winkel mit der Stoffschere ab. Wenn du den Streifen aufklappst, wird ein eingeschnittenes Dreieck sichtbar.
2. Nähe das entstandene „V" mit einem Geradstich ab.
3. Falte den Streifen nun in der Höhe links auf links zusammen. Die Spitze des Vs wird sichtbar. Schneide die überstehende Nahtzugabe zurück.
4. Verstärke den unteren Teil des V-Ausschnitts an deinem Shirt mit einem kleinen Stück Einlage.

Tipp Hier verwende ich gerne Vlieseline G 700. Diese Einlage ist nicht dehnbar und aus 100 % Baumwolle. Dadurch wird die Spitze gut verstärkt, und das Annähen gelingt leichter.

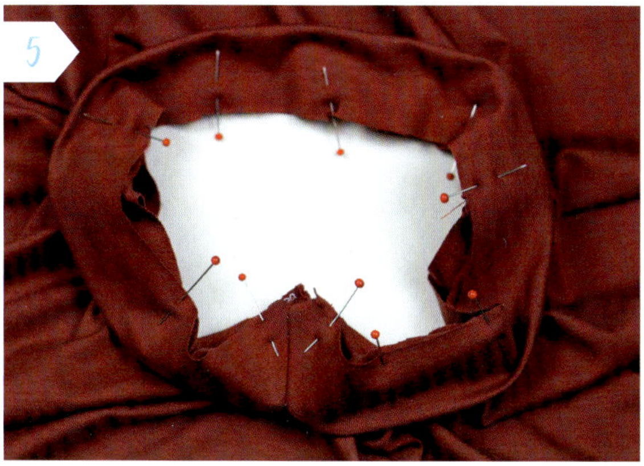

6

5. Jetzt wird der Streifen, beginnend an der Spitze, rechts auf rechts an den Ausschnitt gesteckt. Arbeite hier sehr genau und sorgfältig. Fixiere die Spitze gegebenenfalls mit ein paar Heftstichen, damit nichts verrutscht. Stecke dann den restlichen Teil des Streifens rundherum fest. Achte auf die Markierungen für Schulternähte und hintere Mitte.
6. Beginne nun mit dem Zusammennähen, starte dafür an der Spitze. Verwende einen dehnbaren Stich und nähe den Streifen rundherum fest. Bügle den Ausschnitt sorgfältig aus. Steppe ihn zum Schluss mit einem dehnbaren Stich rundherum von rechts ab. Beginne dabei an der hinteren Mitte.

BELEG

Ein Beleg ist eine tolle Möglichkeit, wenn dein Halsausschnitt so unauffällig und elegant wie möglich sein soll.

1. Wenn sich dein Stoff an den Schnittkanten sehr einrollt, bügle eine Einlage auf. Verwende am besten die bi-elastische Vlieseline H 609. Schneide danach die Belege entsprechend dem Schnittmuster zu. Lege nun die beiden Schnittteile des Halsbelegs rechts auf rechts aufeinander und schließe die beiden kurzen Seiten zu einem Ring.
2. Du kannst den unteren Rand des Belegs versäubern, z. B. mit der Overlockmaschine. Da der Stoff nicht ausfranst, ist es aber nicht zwingend nötig.
3. Stecke den Beleg rechts auf rechts auf den Halsausschnitt. Beachte dabei die Markierungen der Schulternähte und die vordere und hintere Mitte.
4. Nähe den Beleg rundherum am Halsausschnitt fest.

5

6

5. Schlage den Beleg nach innen um. Bügle den Ausschnitt sorgfältig aus.
6. Nun kannst du den Beleg noch einmal von rechts absteppen, entweder knappkantig am Ausschnitt entlang oder, wie ich hier, entlang der Kante des Belegs. Somit ist der Beleg fixiert und kann nicht aus dem Kleid herausrutschen. Wenn du keine sichtbare Naht haben möchtest, dann kannst du den Beleg auch mit ein paar Handstichen vorsichtig an den Schulternähten annähen.

KAPUZE

Bei einigen Modellen ist das Annähen einer Kapuze eine gute Möglichkeit, dein Kleid besonders lässig und sportlich aussehen zu lassen.

1

3

2

4

1. Die Kapuze wird doppelt genäht. Beginne mit der Außenkapuze. Lege die beiden Kapuzenteile rechts auf rechts aufeinander und stecke die hintere Naht. Nähe die beiden Teile zusammen.
2. Verfahre bei der zweiten Kapuze genauso.
3. Wende jetzt die Außenkapuze auf rechts und stecke sie in die Innenkapuze. Die beiden Kapuzenteile liegen nun rechts auf rechts aufeinander. Stecke sie am oberen Kapuzenrand aufeinander und nähe sie mit einem Geradstich zusammen.
4. Wende die Kapuze nun auf rechts. Sie ist nun fertig vorbereitet und kann angenäht werden.

5

7

6

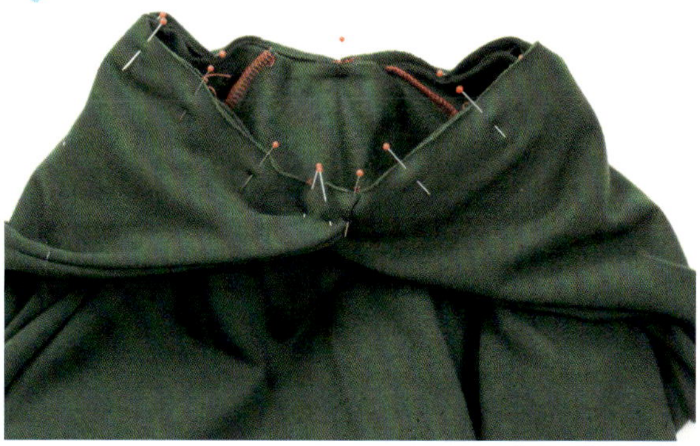

5. Als Nächstes wird die Kapuze am Halsausschnitt fixiert. Dafür steckst du sie mit der Außenseite rechts auf rechts an dein Oberteil. Beginne an der hinteren Mitte. Achte darauf, dass die Mitte der Kapuze auf der hinteren Mittes des Oberteils liegt.
6. Die Markierungen liegen genau auf der vorderen Mitte. Die Enden der Kapuze überlappen hier leicht.
7. Nähe alle Lagen mit einem dehnbaren Stich zusammen.

RAFFEN UND KRÄUSELN

An manchen Stellen muss ein Schnittteil zuerst gekräuselt werden, bevor es angenäht wird (z. B. Puffärmel oder Rockteile). Raffungen und Kräuselungen geben deinem Kleidungsstück einen romantischen Touch.

KRÄUSELN MIT DER NÄHMASCHINE

1

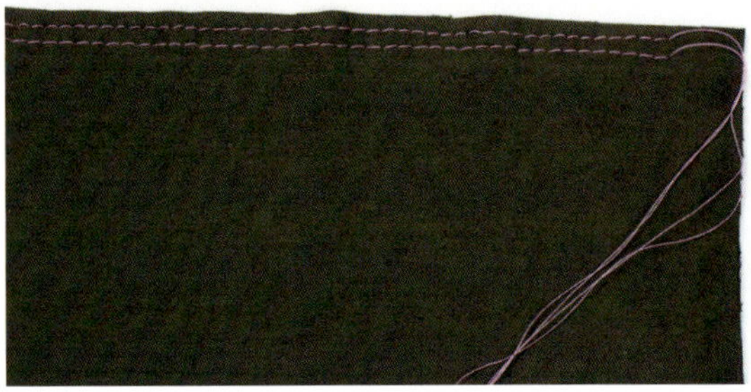

2

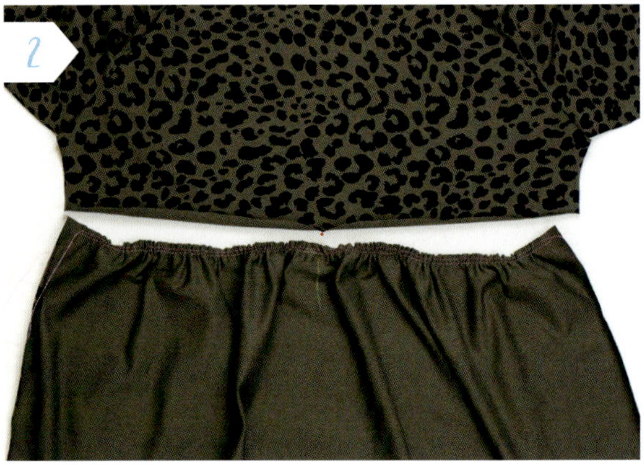

1. Nähe mit der Nähmaschine zwei parallele Nähte innerhalb der Nahtzugabe am zu raffenden Schnittteil. Stelle die Stichlänge des Geradstichs hier größtmöglich ein und wähle die niedrigste Fadenspannung. Verriegle Nahtanfang und -ende nicht und schneide den Faden lang ab.
2. Verknote die Fäden nun auf einer Seite und ziehe auf der anderen an den beiden Oberfäden. Der Stoff zieht sich zusammen. Ziehe so lange, bis die Raffung der gewünschten Breite entspricht und dein Schnittteil somit gut an das anzunähende Schnittteil passt.

KRÄUSELN MIT DER OVERLOCKMASCHINE

1. Stelle den Differentialtransport und die Stichlänge auf die höchste Stufe. Je nachdem, wie stark du kräuseln willst, änderst du die Fadenspannung deiner linken Nadel. Je stärker gekräuselt werden soll, desto höher stellst du die Fadenspannung. Grundsätzlich lieber ein bisschen stärker kräuseln und dann gegebenenfalls wieder auseinanderziehen. Das geht bei der Overlocknaht ganz einfach.
2. Nähe nun einmal an der Stoffkante entlang.

Projekte

Bridget

Das Kleid Bridget ist ein Basic für alle Fälle und dazu noch ein kleiner Figurschmeichler. Je nachdem, für welche Variante du dich entscheidest, kann es ganz klassisch – in der schlichtesten Variante – oder in der Variante als Stufenkleid verspielt romantisch wirken.

Bridget #1

Basic-Kleid in Knallfarbe

- Vorderteil (SB 1)
- Rückteil (SB 2)
- Ärmel (SB 1)
- Halsbündchen (SB 1)

Bridget #2

mit Stehkragen und Ärmelbündchen

- Vorderteil (SB 1)
- Rückteil (SB 2)
- Ärmel (SB 1)
- Stehkragen (SB 1)
- Ärmelbündchen: 4 cm x benötigte Länge (Nahtzugabe schon inklusive, Berechnung der Länge siehe Grundlagenteil S. 30)

Bridget #3

mit Halsausschnittbeleg, Puffärmeln und Stufen

- Vorderteil im Bruch (SB 1)
- Rückteil (SB 2)
- Puffärmel (SB 2)
- Vorderteilbeleg (SB 1)
- Rückteilbeleg (SB 1)
- 2 x Stufe: 20 cm lang x gewünschte Breite
- 2 x Stufe: 45 cm lang x gewünschte Breite

Weitere Varianten für noch mehr Kleider:

- Vorder- und Rückteil in Shirtlänge (SB 1 und 2)
- Vorder- und Rückteil in Midilänge (SB 1 und 2)
- Vorder- und Rückteil in Maxilänge (SB 1 und 2)
- kurze und lange Ärmel (SB 1)
- lange Puffärmel (SB 2)
- Brusttasche (SB 3)

Bridget #1

BASIC-KLEID IN KNALLFARBE

Der Grundschnitt wird mit ¾-langen Ärmeln und Halsbündchen aus dem Oberstoff in der Grundlänge genäht.

Material

- Romanitjersey in Rot
  Größe 34–36: 150 cm
  Größe 38–44: 200–250 cm

Zuschnitt

AUS ROMANITJERSEY:

- 1 x Vorderteil im Bruch (SB 1, in zwei Teilen, bis Linie Grundlänge)
- 1 x Rückteil im Bruch (SB 2, in zwei Teilen, bis Linie Grundlänge)
- 2 x Ärmel gegengleich (SB 1, bis Linie ¾-Arm)
- 1 x Halsbündchen im Bruch (SB 1)

Nahtzugaben sind im Schnittmuster nicht eingerechnet und müssen noch hinzugefügt werden.
Die Schnittteile, die in zwei Teilen abgedruckt sind, an der entsprechenden Klebkante zusammenfügen.

Los geht's

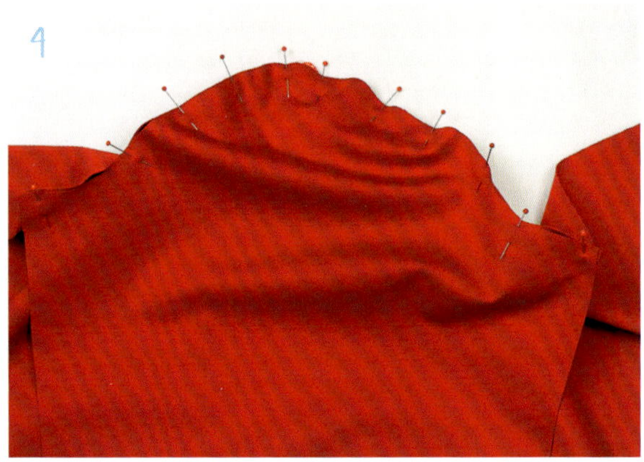

1. Beginne mit den Schultern. Dafür legst du das Vorderteil und das Rückteil rechts auf rechts aufeinander und nähst die Schulternähte zusammen. Klappe die Teile auseinander und bügle gegebenenfalls die Nahtzugaben auseinander. Wenn du mit der Overlockmaschine nähst, klappe die Nahtzugabe Richtung Rücken.
2. Nun werden die Ärmel eingenäht. Stecke zuerst den Ärmel am Schulterknips (Markierung) rechts auf rechts auf die Schulternaht des Kleides.
3. Als Nächstes steckst du die Enden des Ärmels jeweils auf die Enden des Kleides.
4. Die Markierungen am Vorderteil und am Rückteil liegen dabei auf den Markierungen des Ärmels. So fällt es dir leichter, den Ärmel nun Stück für Stück am Ärmelausschnitt festzustecken. Nähe den Ärmel mit einem dehnbaren Stich fest.

5

6

5. Lege Vorderteil und Rückteil rechts auf rechts aufeinander. Nun werden die Seitennähte geschlossen. Achte dabei darauf, dass die Nähte unter den Armen exakt aufeinanderliegen. Beginne am Ärmelsaum und nähe bis zum unteren Saum alles in einem Zug zusammen.

6. Jetzt kannst du das Halsbündchen annähen, wie auf S. 29 beschrieben. Zum Schluss werden noch die Ärmel und die untere Kante versäubert und gesäumt. Dafür gibt es mehrere Möglichkeiten, wie auf S. 26 erklärt. Bei diesem Kleid habe ich mich für offenkantige Säume entschieden.

VARIANTEN DES Probenähteams

Marina hat ihre Bridget in Größe 36 in der Midilänge und die Ärmel in ¾-Länge genäht. Die Color-Blocking-Version macht den schlichten Grundschnitt zu einem echten Hingucker.

Millas Bridget in Größe 40 aus Romanitjersey ist ein klassisches Kleid für alle Fälle. Sie hat die Grundlänge um ein paar Zentimeter gekürzt. Der Stehkragen und die Puffärmel verleihen ihrer Bridget das gewisse Etwas.

Die klassische Midi-Bridget in Größe 38 von Nadine ist aus einem kuscheligen Jacquardjersey genäht. Der Stoffverbrauch lag bei 2 m. Mit einem Gürtel kombiniert, bekommt das Kleid noch mal einen ganz anderen Look.

Mela hat eine Bridget mit Rollkragen aus Jersey genäht. Der Stoff stammt aus meiner Kollektion Stony Shapes, was mich natürlich ganz besonders gefreut hat. Sie hat am Schnitt nichts verändert.

Bridget #2

MIT STEHKRAGEN UND ÄRMELBÜNDCHEN

Dieses Kleid wird genäht wie das Basic-Modell. Als Ausschnitt-variante gibt es hier den Stehkragen, und als Ärmelsaum wird ein schmaler Bündchenstreifen verwendet.

Material

- Baumwolljersey Blossom Butter by brinarina in Grün
  Größe 34–36: 150 cm
  Größe 38–44: 200–250 cm
- Baumwolljersey in Orange: 5 cm
- Optional: Vlieseline H 609: 20 cm

Zuschnitt

AUS BAUMWOLLJERSEY IN GRÜN:

- 1 x Vorderteil im Bruch (SB 1, in zwei Teilen, bis Linie Grundlänge)
- 1 x Rückteil im Bruch (SB 2, in zwei Teilen, bis Linie Grundlänge)
- 2 x Ärmel gegengleich (SB 1, bis Linie ¾-Arm)
- 1 x Stehkragen im Bruch (SB 1)

AUS BAUMWOLLJERSEY IN ORANGE:

- 2 x Ärmelbündchen: 4 cm x benötigte Länge (Nahtzugabe schon inklusive, Berechnung der Länge siehe Grundlagenteil S. 30)

AUS VLIESELINE:

- 1 x Stehkragen im Bruch (SB 1)

Nahtzugaben sind im Schnittmuster nicht eingerechnet und müssen noch hinzugefügt werden.
Die Schnittteile, die in zwei Teilen abgedruckt sind, an der entsprechenden Klebkante zusammenfügen.

Los geht's

1

2

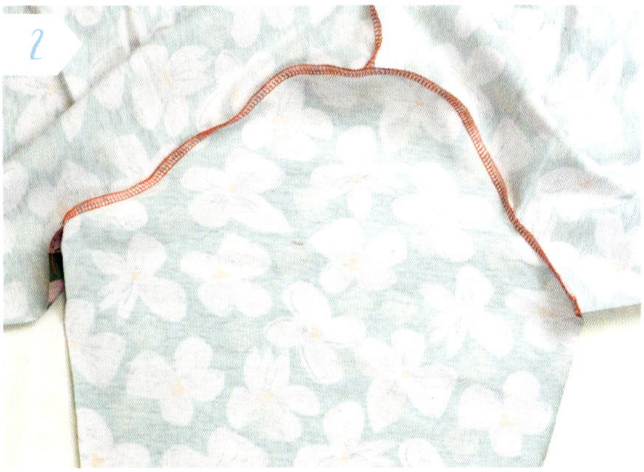

3

4

1. Beginne mit den Schultern. Dafür legst du das Vorderteil und das Rückteil rechts auf rechts aufeinander und nähst die Schulternähte zusammen. Klappe die Teile auseinander und bügle gegebenenfalls die Nahtzugaben auseinander. Wenn du mit der Overlockmaschine nähst, klappe die Nahtzugabe Richtung Rücken.
2. Nun werden die Ärmel eingenäht. Stecke zuerst den Ärmel am Schulterknips (Markierung) rechts auf rechts auf die Schulternaht des Kleids. Achte nun darauf, dass alle Markierungen an Vorder- und Rückteil auf denen des Ärmels liegen. So fällt es dir jetzt leicht, den Ärmel Stück für Stück am Ärmelausschnitt festzustecken. Nähe den Ärmel mit einem dehnbaren Stich fest.
3. Lege Vorder- und Rückteil rechts auf rechts aufeinander. Nun werden die Seitennähte geschlossen. Achte dabei darauf, dass die Nähte unter den Armen exakt aufeinanderliegen. Beginne am Ärmelsaum und nähe bis zum unteren Saum des Kleids alles in einem Zug zusammen.
4. Jetzt wird der Stehkragen genäht. Dabei gehst du genauso vor wie bei einem schmalen Halsbündchen. Die Anleitung auf S. 29 hilft dir hier weiter. Markiere am Kragen die vordere Mitte sowie die Schulternähte, wie auf dem Schnittmusterbogen angegeben. Falte das Schnittteil der Länge nach rechts auf rechts und nähe die schmale, offene Seitenkante mit einem dehnbaren Stich zusammen. Bügle die Nahtzugaben auseinander und falte den

5

6

nun entstandenen Ring in der Höhe links auf links. Die schöne Seite des Stoffs ist also außen. Stecke nun vier Nadeln an die Markierungen vordere Mitte, hintere Mitte und die beiden Schulternähte. Dasselbe wiederholst du am Halsausschnitt. An den Markierungen wird der Kragen jetzt rechts auf rechts am Halsausschnitt festgesteckt. Dehne den Kragen und stecke ihn nun gleichmäßig zwischen den Markierungen verteilt fest.

5. Anschließend nähst du den Kragen am Ausschnitt mit einem dehnbaren Stich fest. Hier ist es nicht notwendig, die Nahtzugabe noch einmal abzusteppen.
6. Beim Ärmelsaum habe ich mich hier für ein schmales Bündchen entschieden. Hilfe zur Verarbeitung von Bündchen findest du auf S. 30. An der unteren Abschlusskante habe ich einen offenkantigen Saum gearbeitet. Wie das geht, siehst du auf S. 26.

Tipp Wenn du möchtest, dass der Kragen etwas mehr Stand hat, bügle ein Stück Einlage auf das Schnittteil. Die bi-elastische Bügeleinlage H 609 ist dafür prima geeignet.

Bridget #3

MIT HALSAUSSCHNITTBELEG, PUFFÄRMELN UND STUFEN

Bridget kann auch romantisch sein! Puffärmel und die eingereihten Stufen lassen das Kleid etwas verspielter wirken. Diesen Effekt kannst du verstärken, indem du z. B. Stoffe mit kleinen Blumenmustern verwendest.

Material

- Baumwolljersey Blossom Boom by brinarina in Lyon Blue
  Größe 34–36: 150 cm
  Größe 38–44: 200–250 cm
- Optional: Vlieseline H 609: 20 cm

Zuschnitt

AUS BAUMWOLLJERSEY IN BLAU:

- 1 x Vorderteil im Bruch (SB 1, bis Ansatzlinie Rock)
- 1 x Rückteil im Bruch (SB 2, bis Ansatzlinie Rock)
- 2 x Puffärmel gegengleich (SB 2, bis Linie Kurzarm)
- 1 x Vorderteilbeleg im Bruch (SB 1)
- 1 x Rückteilbeleg im Bruch (SB 1)
- 2 x Stufe: 20 cm lang x gewünschte Breite
- 2 x Stufe: 45 cm lang x gewünschte Breite

AUS VLIESELINE:

- 1 x Vorderteilbeleg im Bruch (SB 1)
- 1 x Rückteilbeleg im Bruch (SB 1)

Nahtzugaben sind im Schnittmuster nicht eingerechnet und müssen noch hinzugefügt werden.
Die Schnittteile, die in zwei Teilen abgedruckt sind, an der entsprechenden Klebkante zusammenfügen.

Los geht's

1

2

3

4

1. Lege Vorder- und Rückteil rechts auf rechts aufeinander und schließe die Schulternähte. Klappe die Teile auseinander und bügle gegebenenfalls die Nahtzugaben auseinander. Wenn du mit der Overlock nähst, klappe die Nahtzugabe Richtung Rücken.
2. Jetzt geht es an den Belegausschnitt. Er ist die perfekte Wahl, wenn du den Ausschnitt so unauffällig wie möglich nähen möchtest. Wenn sich dein Stoff an den Schnittkanten sehr einrollt, bügle lieber eine Einlage auf. Verwende am besten die bi-elastische Vlieseline H 609. Schneide danach die Belege entsprechend dem Schnittmuster zu. Lege nun die beiden Schnittteile des Halsbelegs rechts auf rechts aufeinander und schließe die beiden kurzen Seiten zu einem Ring.
3. Du kannst den unteren Rand des Belegs mit der Overlockmaschine oder einem Zickzackstich versäubern, ist jedoch nicht zwingend notwendig.
4. Stecke den Beleg rechts auf rechts auf den Halsausschnitt. Achte auf die Markierungen der Schulternähte und der vorderen und hinteren Mitte.

5

7

6

8

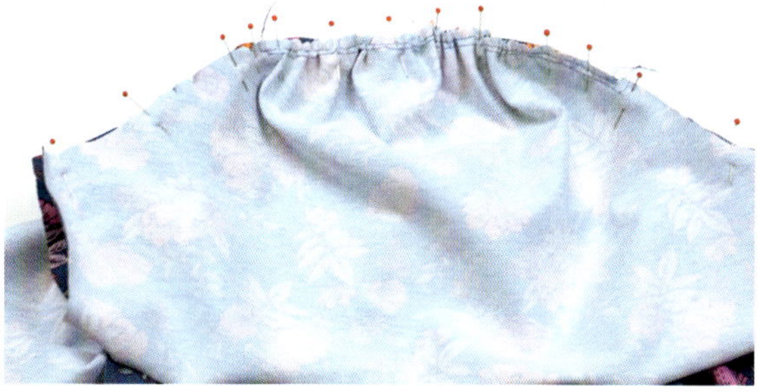

5. Nähe den Beleg rundum am Halsausschnitt fest.
6. Schlage den Beleg nach innen um. Bügle den Ausschnitt sorgfältig aus.
7. Als Nächstes werden die Puffärmel genäht. Dafür musst du die Ärmel zuerst auf die passsende Weite einreihen. Dazu gehst du wie folgt vor: Markiere den zu raffenden Bereich, wie im Schnittmuster angegeben, auf der Nahtzugabe des Stoffs. Dabei spielt es keine Rolle, ob du dies auf der rechten oder auf der linken Stoffseite tust. Nähe mit der Nähmaschine zwei parallele Nähte innerhalb der Nahtzugabe und der Markierungen mit dem längsten Geradstich und der niedrigsten Fadenspannung. Lasse am Anfang und am Ende der Naht genug Ober- und Unterfaden zum Raffen. Die Enden werden nicht verriegelt. Verknote die Fäden nun zuerst auf einer Seite an den beiden Oberfäden und schiebe dann den Stoff zusammen, bis die Raffung der gewünschten Breite entspricht und das Ärmelteil gut in den Ärmelausschnitt des Kleids passt.
8. Stecke den Ärmel am Ärmelausschnitt fest und verteile die Raffung gleichmäßig. Nähe den Ärmel ein.

9

11

10

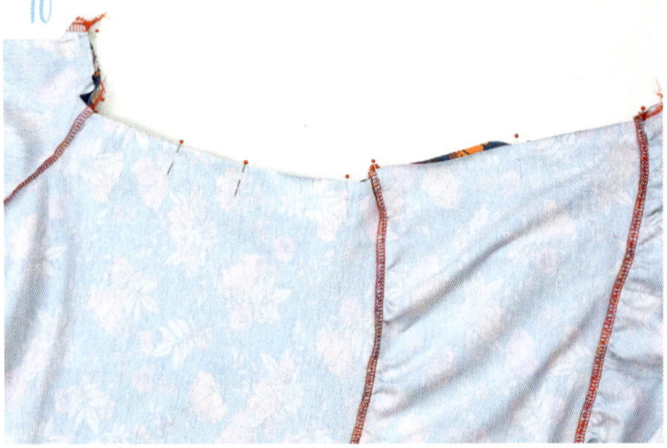

Tipp Du kannst den Beleg entweder sichtbar knappkantig am oberen Ausschnitt oder entlang des unteren Saums mit einem dehnbaren Stich absteppen. Wenn du es lieber unauffälliger magst, fixiere den Beleg mit ein paar Stichen direkt in der Schulternaht.

9. Für die einzelnen Stufen, die jetzt genäht werden, gibt es keine Schnittteile. Diese kannst du dir selbst erstellen. Überlege dir zunächst, wie lang dein Rockteil am Ende sein soll. Nun teilst du diese Länge auf die Anzahl deiner gewünschten Stufen auf. In meinem Beispiel sind es zwei Stufen. Die erste Stufe ist 20 cm lang, die zweite 45 cm. Wenn du deine Stufen sehr stark gerafft haben möchtest, dein Kleid somit sehr weit werden soll, schneidest du den Streifen entsprechend breit zu und umgekehrt. Für die Größe 38 habe ich die obere Stufe 65 cm und die untere Stufe 1 m breit zugeschnitten. Füge Nahtzugaben hinzu. Schneide immer zwei Stufen (für vorne und hinten je eine) zu. Reihe die erste Stufe nun ein, bis sie an dein Oberteil passt und stecke sie fest. Nähe die erste Stufe am Oberteil fest. Verwende dafür einen einfachen Geradstich. Die Naht muss nicht dehnbar sein. Nun kommt die zweite Stufe usw., bis alle Stufen angenäht sind. Verfahre nun genauso am Rückteil.
10. Lege Vorder- und Rückteil rechts auf rechts aufeinander. Nun werden die Seitennähte geschlossen. Achte dabei darauf, dass die Nähte unter den Armen und die Stufennähte exakt aufeinanderliegen. Beginne jeweils am Ärmelsaum und nähe bis zum unteren Saum die Seitennähte des Kleids in einem Zug zusammen.
11. Versäubere Ärmelsäume und unteren Saum und verarbeite sie jeweils als offenkantige Säume (siehe S. 26).

VARIANTEN DES Probenähteams

Die zweite Bridget von Milla mit eingereihtem Rockteil verleiht dem Schnitt in Kombination mit dem Jersey in Blumenprint einen verspielten Touch.

Mira hat ihre Bridget langärmelig und mit zwei gleichlangen Stufen genäht. Verwendet hat sie einen weich fallenden Tencel-Jersey.

Dominique hat Bridget in Größe 36 in der Stufenvariante genäht. Die obere Stufe ist 30 cm und die untere Stufe 40 cm lang.

Lolo

Lolo ist ein sehr locker geschnittenes Kleid mit weiten Raglanärmeln. Als Hoodie matcht es super über Bridget Basic an kühleren Tagen oder als cropped Sweater zur High Waist Jeans. Den Rockteil kannst du ganz einfach als einzelnen Rock mit aufgesetztem Gummi nähen.

Lolo #1

Basic-Kleid mit lockerem Sitz

- Vorderteil (SB 1)
- Rückteil (SB 1)
- Rockteil (SB 2)
- Raglanärmel (SB 3)
- Halsbündchen Rundhals (SB 2)

Lolo #2

Hoodie in Crop-Länge

- Vorderteil (SB 1)
- 1 x Rückteil (SB 1)
- Raglanärmel (SB 3)
- Kapuze (SB 2)
- Saumbund (SB 2)
- Ärmelbündchen (siehe Grundlagenteil S. 30)

Lolo #3

Maxirock mit Gummibund

- Rockteil (SB 2)

Weitere Varianten für noch mehr Kleider:

- Vorder- und Rückteil mit U-Boot-Ausschnitt (SB 1)
- Vorderteil- und Rückteilbeleg für U-Boot-Ausschnitt (SB 3)
- kurze und lange Raglanärmel (SB 3)
- Brusttasche (SB 3)

Lolo #1

BASIC-KLEID MIT LOCKEREM SITZ

Locker lässig nähst du das Kleid am besten aus Baumwoll- oder Viskose-jersey. Dickere Wirkware wie Sweat ist nicht so gut geeignet, da das Kleid sonst nicht so weich fallen kann und eher aufträgt.

Material

- Baumwolljersey mit Leoprint in Schwarz-Grün: ca. 2 m für alle Größen

Zuschnitt

AUS BAUMWOLLJERSEY MIT LEOPRINT

- 1 x Vorderteil im Bruch (SB 1, bis Linie Kleidlänge, Rundhalsausschnitt verwenden)
- 1 x Rückteil im Bruch (SB 1, bis Linie Kleidlänge, Rundhalsausschnitt verwenden)
- 2 x Rockteil (SB 2, in zwei Teilen)
- 2 x Raglanärmel gegengleich (SB 3, bis Linie Kurzarm, Linie für Rundhalsausschnitt verwenden)
- 1 x Halsbündchen Rundhals im Bruch (SB 2)

Nahtzugaben sind im Schnittmuster nicht eingerechnet und müssen noch hinzugefügt werden.
Die Schnittteile, die in zwei Teilen abgedruckt sind, an der entsprechenden Klebkante zusammenfügen.

Los geht's

1

3

2

4

1. Zuerst nähst du die beiden Ärmel an das Vorderteil. Beachte dabei die Markierungen, damit du weißt, welche Seite des Ärmels ans Vorder- bzw. Rückteil gehört. Stecke die Ärmel am Vorderteil fest und schließe die Naht anschließend mit einem Geradstich. Dasselbe wiederholst du mit den anderen Seiten des Ärmels und dem Rückteil.
2. Anschließend werden die Rockteile eingereiht. Nähe mit der Nähmaschine zwei parallele Nähte innerhalb der Nahtzugabe am oberen Teil des Rockteils mit dem längsten Geradstich und der niedrigsten Fadenspannung. Lasse am Anfang und am Ende der Naht genug Ober- und Unterfaden zum Raffen.
3. Alles Wissenswerte zum Kräuseln mit der Overlock oder der Haushaltsnähmaschine findest du im Grundlagenteil auf S. 38.
4. Die Enden werden nicht verriegelt. Verknote die Fäden nun zuerst auf einer Seite und ziehe an den beiden Oberfäden. Der Stoff zieht sich zusammen. Ziehe so lange, bis die Raffung der gewünschten Breite entspricht und das Rockteil gut an die untere Kante des Vorderteils passt. Wiederhole den Vorgang am Rückteil.

5

7

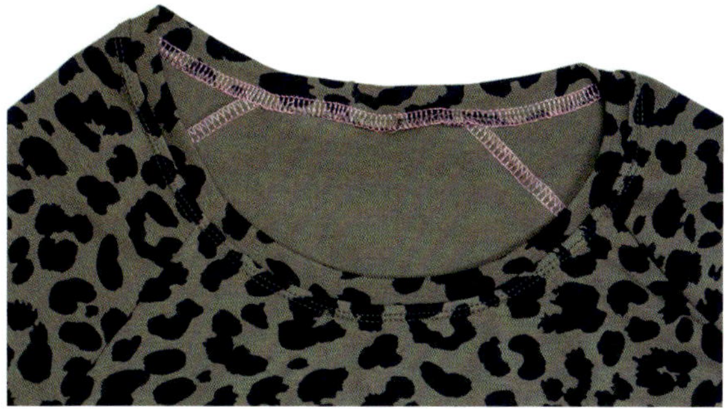

6

8

5. Stecke das Rockteil rechts auf rechts an das Oberteil und verteile die Raffung gleichmäßig. Nähe die beiden Teile mit einem Geradstich zusammen.
6. Lege Vorder- und Rückteil rechts auf rechts aufeinander. Nun werden die Seitennähte geschlossen. Achte dabei darauf, dass die Nähte unter den Armen und die Stufennähte exakt aufeinanderliegen. Beginne jeweils am Ärmelsaum und nähe bis zum unteren Saum die Seitennähte des Kleids in einem Zug zusammen.
7. Nähe das Halsbündchen am Ausschnitt fest, wie auf S. 29 erklärt.
8. Versäubere Ärmelsäume und unteren Saum und verarbeite sie jeweils als offenkantige Säume (siehe S. 26).

VARIANTEN DES Probenähteams

Mira hat Lolo aus einem Tencel-Jersey in Größe 40 genäht. An den Ärmeln hat sie schmale Bündchen verwendet. Am Kragen hat sie ein bisschen gespielt und sich einen lockeren Rollkragen gebastelt.

Maxis Lolo ist klassisch im Grundschnitt in Größe 36 genäht. Durch die Kombination mit Leo-Jersey, Boots und Mütze wirkt das Kleid so schön locker und lässig.

Antje hat Lolo in Größe 40 genäht und die Länge um 8 cm gekürzt. Mit den Ärmelbündchen und als Kontrast dem selbst gebastelten Rüschenkragen kann das Kleid sowohl elegant als auch sportlich gestylt werden.

Die sportliche Variante von Ingrid wirkt nochmal ganz anders als die anderen Kleider. Ingrid hat Lolo in Größe 36 aus einem Flauschstrick mit Kapuze genäht.

Lolo geht auch super in lang. Annika hat hier die Stufen ganz individuell zugeschnitten und das Kleid in Größe 36 genäht.

Zugegeben, hier siehst du eine High-End-Version von Lolo, die wohl eher für geübte Näherinnen infrage kommt. Aber es ist schön zu erkennen, wie variabel die Schnitte sind.

Lolo #2

HOODIE IN CROP-LÄNGE

Der Raglanhoodie Lolo ist mit seiner kurzen Saumlänge die perfekte Kombi zu den Kleidern. Du kannst ihn aber natürlich auch solo zu Jeans oder Röcken tragen.

Material

- Sweatstoff in Dunkelgrün
  Größe 34–38: 150 cm
  Größe 40–44: 180 cm

Zuschnitt

AUS BAUMWOLLSWEAT IN GRÜN

- 1 x Vorderteil im Bruch (SB 1, bis Linie Hoodielänge, Rundhalsausschnitt verwenden)
- 1 x Rückteil im Bruch (SB 1, bis Linie Hoodielänge)
- 2 x Raglanärmel gegengleich (SB 3, bis Linie Langarm, Linie für Rundhalsausschnitt verwenden)
- 4 x Kapuze (SB 2)
- 1 x Saumbund im Bruch (SB 2)
- 2 x Ärmelbündchen (siehe Grundlagenteil S. 30)

Nahtzugaben sind im Schnittmuster nicht eingerechnet und müssen noch hinzugefügt werden.

Los geht's

1

3

2

4

1. Als Erstes nähst du die beiden Ärmel an das Vorderteil. Beachte dabei die Markierungen, damit du weißt, welche Seite des Ärmels ans Vorder- bzw. Rückteil gehört. Stecke die Ärmel am Vorderteil fest und nähe sie anschließend mit einem Geradstich fest. Dasselbe wiederholst du mit den anderen Seiten des Ärmels und dem Rückteil.
2. Lege Vorder- und Rückteil rechts auf rechts aufeinander. Nun werden die Seitennähte geschlossen. Achte dabei darauf, dass die Nähte unter den Armen exakt aufeinanderliegen. Beginne jeweils am Ärmelsaum und nähe bis zum unteren Saum die Seitennähte des Hoodies in einem Zug zusammen.
3. Weiter geht es mit der Kapuze. Diese wird mit Futter genäht. Beginne mit der Außenkapuze. Lege zwei Kapuzenteile rechts auf rechts aufeinander und stecke die hintere Naht. Nähe die beiden Teile zusammen.
4. Verfahre genauso für das Futter der Kapuze.

5

7

6

8

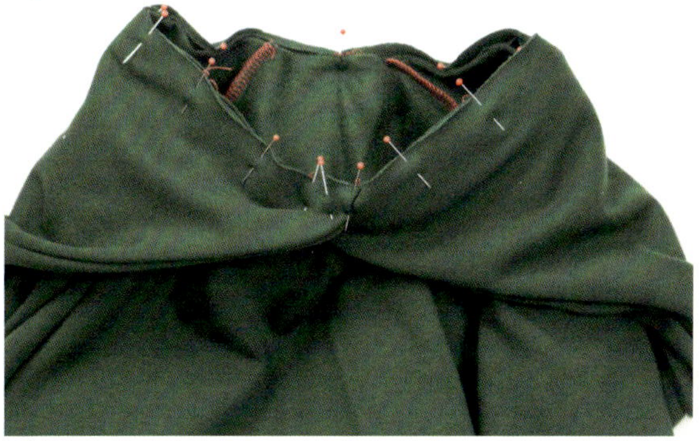

5. Jetzt wende die Außenkapuze auf rechts und stecke sie in die Innenkapuze. Die Teile liegen dabei rechts auf rechts aufeinander. Stecke sie am oberen Kapuzenrand zusammen und schließe die Naht anschließend mit einem Geradstich.
6. Wende die Kapuze auf rechts. Sie ist nun fertig vorbereitet.
7. Als Nächstes wird die Kapuze am Halsausschnitt festgenäht. Dafür steckst du sie mit der Außenseite rechts auf rechts an dein Oberteil. Beginne an der hinteren Mitte. Achte darauf, dass die Mitte der Kapuze auf der hinteren Mitte des Oberteils liegt.
8. Die Markierungen liegen genau auf der vorderen Mitte. Die Enden der Kapuze überlappen hier leicht.

9

10

9. Nähe alle Lagen mit einem dehnbaren Stich rundherum zusammen.
10. Schneide die Schnittteile für Ärmel- und Saumbündchen zu. Eine Erklärung dazu findest du im Grundlagenteil auf S. 30. Nähe die Seiten der Bündchen mit einem dehnbaren Stich jeweils zu einem Ring zusammen, stecke sie auf die Ärmel bzw. den unteren Saum und nähe sie an.

VARIANTEN DES Probenähteams

Lauras Hoodie ist ein absolutes Lieblingsteil. Da möchte man sich doch am liebsten sofort reinkuscheln. Mit Bändern oder Kordeln bekommt das schlichte Teil gleich noch ein bisschen mehr Pfiff.

Lolo als Shirt im klassischen Business-Look von Vanessa. Am besten trägst du eine High Waist Hose dazu oder verlängerst das Oberteil einfach nach deinen Wünschen.

Dana hat für ihr Shirt unterschiedliche Stoffe für das Vorder- und Rückteil und die Ärmel verwendet. So kommen die Raglanärmel besonders schön zur Geltung.

Lolo funktioniert auch als Tunika zu Jeans. Dafür hat Eva das Rockteil einfach gekürzt.

Hier siehst eine Kombination aus Lolo als Kleid und Hoodie aus kuscheligem Nicki. So kannst du deine Kleider auch bei etwas kühleren Temperaturen tragen.

Auch bei Manu wird ein schlichtes Lolo-Kleid in Kombination mit dem Hoodie zu einem super lässigen Outfit.

Lolo #3

MAXIROCK MIT GUMMIBUND

Einen Rock kannst du aus allen Rockteilen der Kleider nähen. Hier wird das Rockteil vom Kleid Lolo verwendet und zum Maxirock verlängert.

Material

- Baumwolljersey Blossom Baby by brinarina in Whisper White: Menge je nach gewünschter Länge und Weite
- Gummiband: 4 cm breit, ca. 80–120 cm lang

Zuschnitt

AUS BAUMWOLLJERSEY

- 2 x Rockteil (SB 2, in zwei Teilen) oder individueller Zuschnitt

Nahtzugaben sind im Schnittmuster nicht eingerechnet und müssen noch hinzugefügt werden.
Die Schnittteile, die in zwei Teilen abgedruckt sind, an der entsprechenden Klebkante zusammenfügen.

Los geht's

1

3

2

4

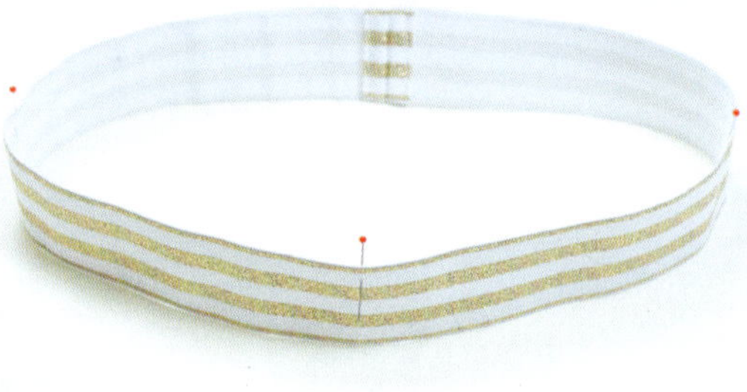

1. Schneide für den individuellen Zuschnitt das Rockteil in der gewünschten Länge zu. Je nachdem, wie viel Weite dein Rock haben soll, benötigst du entweder eine Stoffbahn mit einer Naht an der hinteren Mitte oder bei einem Rock mit mehr Weite zwei Teile mit zwei Seitennähten. Reihe das Rockteil oder die beiden Rockteile oben etwas ein. Dies erleichtert es dir, später den Gummi anzunähen.
2. Miss deinen Taillenumfang an der Stelle, wo der Rock später sitzen soll. Ziehe von diesem Maß 2–5 cm ab, je nachdem, wie eng dein Rock sein soll. Dies ist die Länge deines Gummibands. Schließe das Gummiband rechts auf rechts an den Schmalseiten zum Ring. Verwende einen dehnbaren Stich.
3. Steppe die Nahtzugaben anschließend knappkantig, ebenfalls mit einem dehnbaren Stich, auseinander, damit diese später nicht stören und auftragen.
4. Teile das Gummiband und den Rock in vier gleich große Teile und markiere die Viertel mit Nadeln.

5

7

6

5. Stecke das Gummiband links auf rechts an dein eingereihtes Rockteil. Die markierten Viertel treffen genau aufeinander. Dehne das Gummiband und stecke es gleichmäßig verteilt an den Rock.
6. Nähe das Gummiband mit einem großen Zickzackstich von der rechten Seite her fest.
7. Versäubere zum Schluss den Saum und nähe ihn offenkantig fest.

VARIANTEN DES Probenähteams

Derselbe Schnitt in schick! Millas Kombi aus Oberteil und Rock aus Plisseestoff kann so auch toll einzeln getragen werden.

Toni

Das Raglankleid Toni ist ein sechseckiges Kleid mit schmalen Ärmeln und Beuteltaschen. Das Oberteil und die Ärmel sind eng anliegend. Im Saum- und Hüftbereich ist die Passform eher locker. Die sportliche Variante mit den Beuteltaschen und die Variante in A-Form machen das Kleid zu einem echten Allrounder.

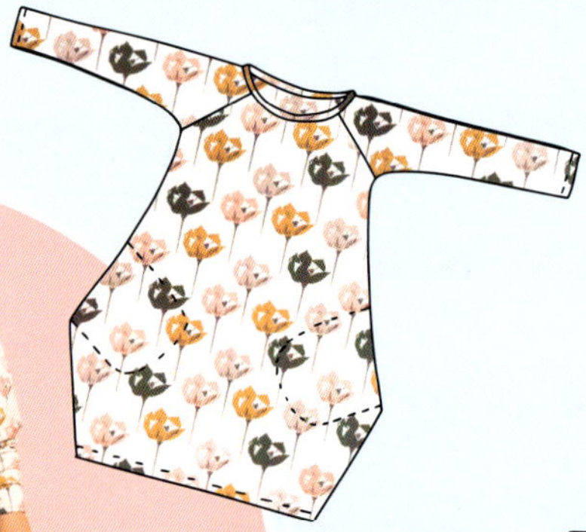

Toni #1

in Trapezform mit Beuteltaschen

- Vorderteil (SB 3)
- Rückteil (SB 4)
- Raglanärmel (SB 4)
- Taschenbeutel (SB 4)
- Halsbündchen (SB 2)

Toni #2

in A-Linie

- Vorderteil (SB 3)
- Rückteil (SB 4)
- Raglanärmel (SB 4)
- Halsbündchen (SB 2)

Toni #3

mit Saumvolant

- Vorderteil (SB 3)
- Rückteil (SB 4)
- Saumvolant (SB 3)
- Raglanärmel (SB 4)
- Halsbündchen (SB 2)

Weitere Varianten für noch mehr Kleider:

- lange Raglanärmel (SB 4)
- Vorder- und Rückteil in Tunikalänge (SB 3 und 4)
- Brusttasche (SB 3)
- Vorderteil- und Rückteilbeleg für Ausschnitt (SB 2)

Toni #1

IN TRAPEZFORM MIT BEUTELTASCHEN

In der Variante mit Taschen wirkt das Kleid mit Leggings oder ohne locker lässig zu jeder Jahreszeit.

Material

- Baumwolljersey Blossom Blast by brinarina in Whisper White
  Größe 34–38: 170 cm
  Größe 40–44: 250 cm

Zuschnitt

AUS BAUMWOLLJERSEY

- 1 x Vorderteil im Bruch (SB 3, in zwei Teilen, bis Abtrennlinie Trapezform)
- 1 x Rückteil im Bruch (SB 4, in zwei Teilen, bis Abtrennlinie Trapezform)
- 2 x Raglanärmel gegengleich (SB 4, bis Linie ¾-Arm)
- 4 x Taschenbeutel, je 2 x gegengleich (SB 4)
- 1 x Halsbündchen im Bruch (SB 2)

Nahtzugaben sind im Schnittmuster nicht eingerechnet und müssen noch hinzugefügt werden.
Die Schnittteile, die in zwei Teilen abgedruckt sind, an der entsprechenden Klebkante zusammenfügen.

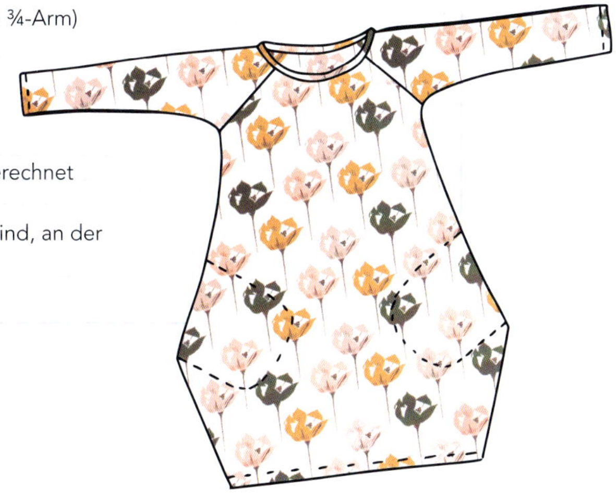

Los geht's

1

3

2

4

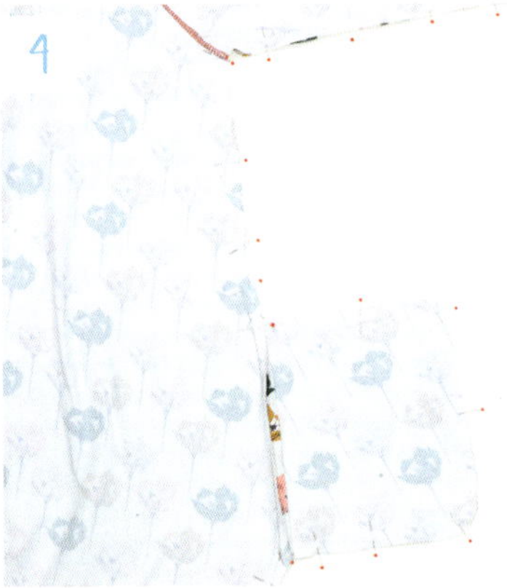

1. Nähe zuerst die vier Taschenbeutelteile jeweils rechts auf rechts an den entsprechenden Stellen auf Vorder- und Rückteil fest.
2. Als Nächstes nähst du die beiden Ärmel an das Vorderteil. Beachte dabei die Markierungen, damit du weißt, welche Seite des Ärmels ans Vorder- bzw. Rückteil gehört. Stecke die Ärmel ans Vorderteil und nähe sie anschließend mit einem Geradstich fest.
3. Stecke die noch freien Ärmelseiten ans Rückteil und verfahre wie beim Vorderteil.
4. Lege Vorder- und Rückteil rechts auf rechts aufeinander. Nun werden die Seitennähte geschlossen. Achte dabei darauf, dass die Nähte unter den Armen sowie die Taschenbeutel exakt aufeinanderliegen. Beginne jeweils am Ärmelsaum und nähe bis zum unteren Saum alles in einem Zug zusammen.

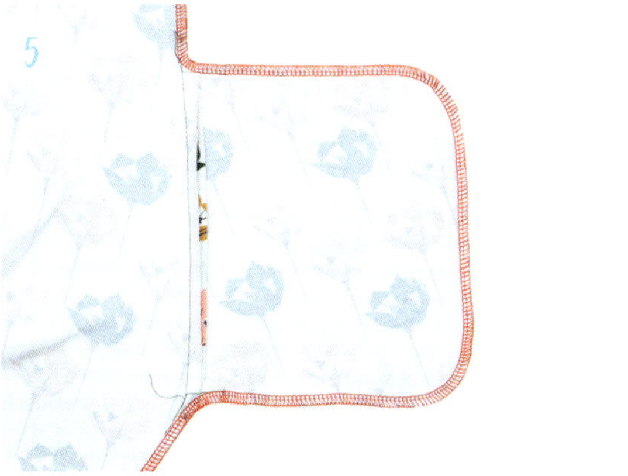

5. Wenn du mit der Overlockmaschine nähst, fixiere den Übergang von Kleid zu Taschenbeutel lieber erst mit der normalen Nähmaschine. Das wird sauberer und ist dann besser fixiert.
6. Nähe das Halsbündchen, wie auf S. 29 erklärt, an.
7. Versäubere Ärmelsäume und unteren Saum und verarbeite sie jeweils als offenkantige Säume.

VARIANTEN DES Probenähteams

Sindy hat Toni aus einem schlichten grauen Sweat genäht. Dadurch ist das Kleid vielseitig kombinierbar und ein Lieblingsteil für alle Fälle.

Toni fällt auch super schön aus einfachem Jersey. Kathi hat dafür einen mit Flockprint verwendet.

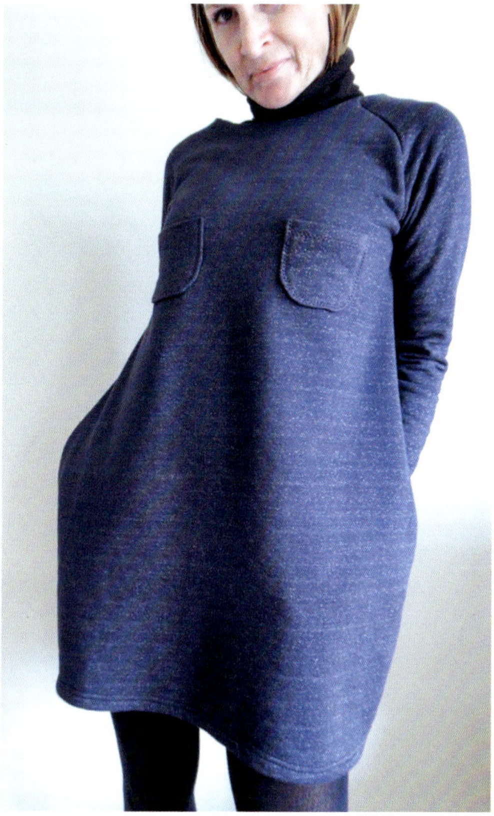

Die Brusttaschen, die Enke aufgenäht hat, findest du auf dem Schnittmusterbogen. Sie funktionieren übrigens auch super auf allen anderen Modellen.

Toni #2

IN A-LINIE

In A-Linie wirkt Toni mädchenhaft und verspielt. Im Vergleich zu Bridget ist es weiter ausgestellt. Die Weite beginnt hier bereits über der Brust.

Material

- Baumwolljersey Blossom Baby by brinarina in Lyon Blue: 200–250 cm (je nach Muster kann das Schnittmuster gegebenenfalls versetzt aufgelegt und somit Stoff gespart werden)

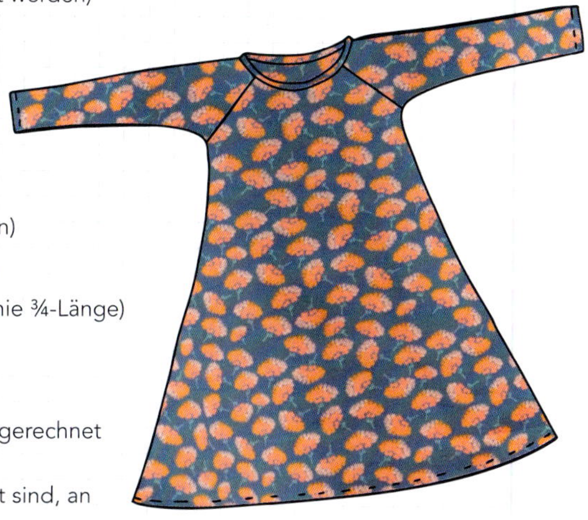

Zuschnitt

AUS BAUMWOLLJERSEY

- 1 x Vorderteil im Bruch (SB 3, in zwei Teilen)
- 1 x Rückteil im Bruch (SB 4, in zwei Teilen)
- 2 x Raglanärmel gegengleich (SB 4, bis Linie ¾-Länge)
- 1 x Halsbündchen im Bruch (SB 2)

Nahtzugaben sind im Schnittmuster nicht eingerechnet und müssen noch hinzugefügt werden.
Die Schnittteile, die in zwei Teilen abgedruckt sind, an der entsprechenden Klebkante zusammenfügen.

Los geht's

1

3

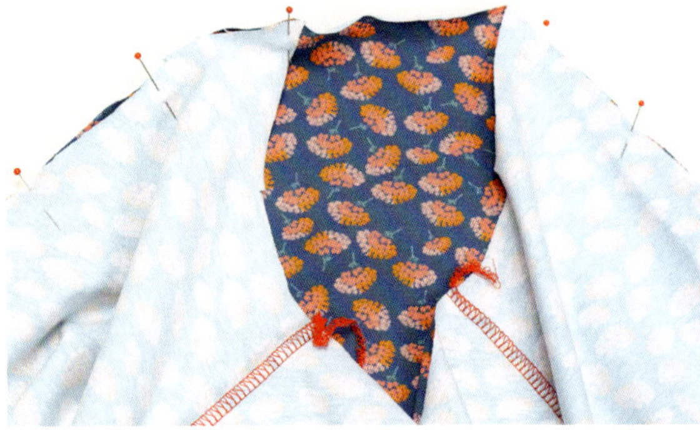

2

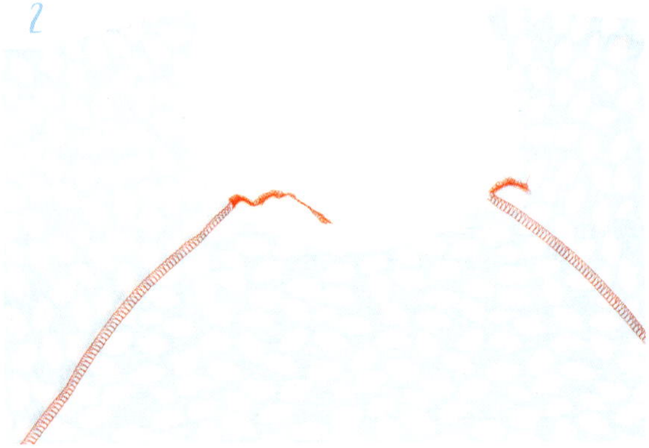

4

1. Als Erstes nähst du die beiden Ärmel an das Vorderteil. Beachte dabei die Markierungen, damit du weißt, welche Seite des Ärmels ans Vorder- bzw. Rückteil gehört. Stecke die Ärmel ans Vorderteil.
2. Nähe sie anschließend mit einem Geradstich fest. Dasselbe wiederholst du mit den gegenüberliegenden Ärmelseiten und dem Rückteil.
3. Lege Vorder- und Rückteil rechts auf rechts aufeinander. Nun werden die Seitennähte geschlossen. Achte dabei darauf, dass die Nähte unter den Armen exakt aufeinanderliegen. Beginne jeweils am Ärmelsaum und nähe bis zum unteren Saum alles in einem Zug zusammen.
4. Nähe das Halsbündchen, wie auf S. 29 erklärt, an. Versäubere Ärmelsäume und unteren Saum und verarbeite sie jeweils als offenkantige Säume.

VARIANTEN DES Probenähteams

Toni in A-Form wirkt gleich viel verspielter, und in der Kombination mit einer Bluse, wie hier bei Vanessa, sieht es richtig schick aus.

Toni #3

MIT SAUMVOLANT

Noch verspielter wird Toni mit einem angesetzten Volantstreifen. Aus blumigem Baumwolljersey nähst du dir schnell ein süßes Sommerkleidchen.

Material

- Baumwolljersey Blossom Butter by brinarina in Jam: 250 cm (je nach Muster kann das Schnittmuster gegebenenfalls versetzt aufgelegt und somit Stoff gespart werden)
- Bündchenstoff in Altrosa: 5 cm

Zuschnitt

AUS BAUMWOLLJERSEY

- 1 x Vorderteil im Bruch (SB 3, in zwei Teilen)
- 1 x Rückteil im Bruch (SB 4, in zwei Teilen)
- 2 x Raglanärmel gegengleich (SB 4, bis Linie Kurzarm)

AUS BÜNDCHENSTOFF

- 1 x Halsbündchen im Bruch (SB 2)

Nahtzugaben sind im Schnittmuster nicht eingerechnet und müssen noch hinzugefügt werden.
Die Schnittteile, die in zwei Teilen abgedruckt sind, an der entsprechenden Klebkante zusammenfügen.

Los geht's

1

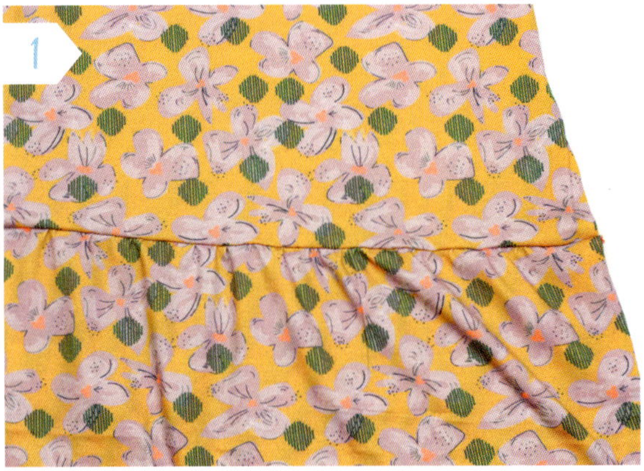

2

3

4

1. Beginne mit dem Volant. Kürze dafür den Schnitt an Vorder- und Rückteil um 20 cm. Miss deine neue Saumbreite nun aus und multipliziere sie mit 1,2. Dies ist die Breite deines Volants. Ich habe mein Volant 20 cm lang plus Nahtzugabe zugeschnitten. Du kannst den Volantstreifen aber auch ganz nach deinem Geschmack anpassen. Schneide ihn zweimal zu. Einmal für das Vorder- und einmal für das Rückteil. Reihe die Volants ein, bis sie an die untere Saumkante des Kleids passen und nähe sie rechts auf rechts fest. Eine ausführliche Erklärung dazu findest du bei Kleid Bridget #3 auf S. 58.
2. Als Nächstes nähst du die beiden Ärmel an das Vorderteil. Beachte dabei die Markierungen, damit du weißt, welche Seite des Ärmels ans Vorder- bzw. Rückteil gehört. Stecke die Ärmel ans Vorderteil und nähe sie anschließend mit einem Geradstich fest. Dasselbe wiederholst du mit den gegenüberliegenden Ärmelseiten und dem Rückteil.
3. Lege Vorderteil und Rückteil rechts auf rechts aufeinander. Nun werden die Seitennähte geschlossen. Achte dabei darauf, dass die Nähte unter den Armen exakt aufeinanderliegen. Beginne jeweils am Ärmelsaum und nähe bis zum unteren Saum alles in einem Zug zusammen.
4. Nähe das Halsbündchen, wie auf S. 29 erklärt, an. Versäubere zum Schluss noch Ärmelsäume und unteren Saum und verarbeite sie jeweils als offenkantige Säume.

VARIANTEN DES Probenähteams

Eva hat ihre Toni mit Volant und Glitzerbündchen genäht. Ein echter Hingucker.

Auch Toni geht als Oberteil – wie hier bei Manu. Sie hat einfach einen gekräuselten Volantstreifen am Oberteil angenäht und fertig ist die Tunika.

Wilma

Wilma ist so unglaublich gemütlich im Oversized Look. Du kannst das Kleid mit Nahttaschen am Vorderteil oder mit Seitentaschen nähen. Ohne Ärmel und mit kurzer Saumlänge erhältst du ein luftiges Shirt. Wenn du Sweat oder andere dickere Stoffe verwendest, nähe am Ärmel eine Nummer größer.

Wilma #1

Kleid mit Nahttaschen

- Vorderteil (SB 3)
- Rückteil (SB 4)
- Taschenbeutel Teilungsnaht: 16 x 18 cm
- Ärmel (SB 4)
- Halsbündchen (SB 2)

Wilma #2

Kleid mit Seitentaschen

- Vorderteil (SB 3)
- Rückteil (SB 4)
- Taschenbeutel Seitennaht (SB 1)
- Ärmel (SB 4)
- Halsbündchen (SB 2)
- Ärmelbündchen (SB 4)

Wilma #3

Shirt mit V-Ausschnitt

- Vorderteil (SB 3)
- Rückteil (SB 4)
- Halsbündchen V-Ausschnitt (SB 1)

Weitere Varianten für noch mehr Kleider:

- Brusttasche (SB 3)
- Kapuze (SB 1)

Wilma #1

KLEID MIT NAHTTTASCHEN

Das Kleid wird mit den Nahttaschen am Vorderteil zu einem echten Hingucker. Verwende gern für Ober- und Unterteil verschiedene Stoffe, um den Effekt der Nahttaschen auffälliger zu gestalten.

Material

- Baumwolljersey Blossom Big by brinarina in Whisper White
  Größe 34–38: 130 cm
  Größe 40–44: 200 cm

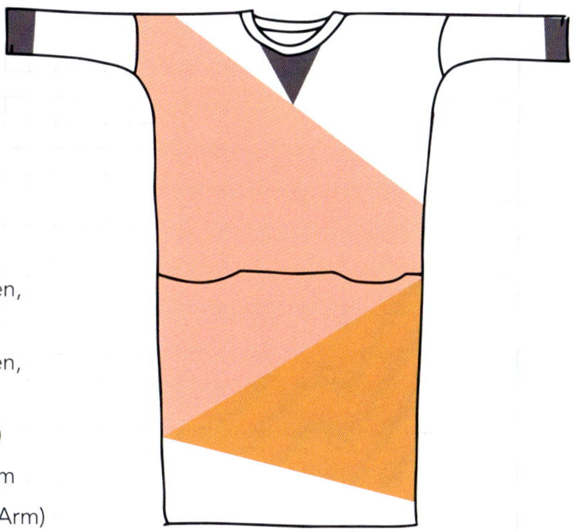

Zuschnitt

AUS BAUMWOLLJERSEY:

- 1 x Vorderteil im Bruch (SB 3, in zwei Teilen, bis Linie Shirtlänge)
- 1 x Vorderteil im Bruch (SB 3, in zwei Teilen, ab Linie Shirtlänge)
- 1 x Rückteil im Bruch (SB 4, in zwei Teilen)
- 4 x Taschenbeutel Teilungsnaht: 16 x 18 cm
- 2 x Ärmel gegengleich (SB 4, bis Linie ¾-Arm)
- 1 x Halsbündchen im Bruch (SB 2)

Nahtzugaben sind im Schnittmuster nicht eingerechnet und müssen noch hinzugefügt werden.
Die Schnittteile, die in zwei Teilen abgedruckt sind, an der entsprechenden Klebkante zusammenfügen. Das Vorderteil wird an der entsprechenden Nahtlinie in 2 Teile getrennt und erst später wieder zusammengefügt.

Los geht's

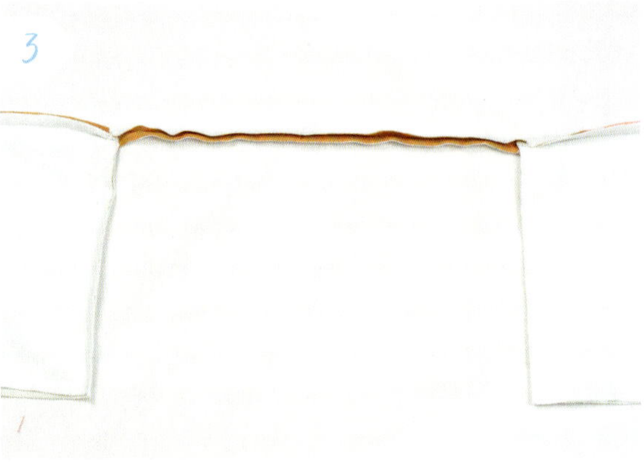

1. Beginne mit den Nahttaschen. Stecke die vier Taschenbeutel entsprechend der Markierungen am oberen und unteren Vorderteil rechts auf rechts fest. Schließe die Naht entlang der Kante.
2. Lege nun das obere und untere Vorderteil rechts auf rechts aufeinander. Die Taschenteile werden dafür ausgeklappt und ebenfalls je zwei zusammengesteckt. Achte darauf, dass die Taschenbeutel exakt aufeinanderliegen und nähe die Schnittteile mit den Taschen in einem Schritt zusammen. Achtung: Auf keinen Fall den Tascheneingriff zunähen!
3. Lege die Taschenbeutel Richtung unteres Vorderteil.
4. Wende das Vorderteil auf rechts und forme die Taschen aus.

5

7

6

8

5. Als Nächstes schließt du die Schulternähte. Lege dazu Vorder- und Rückteil rechts auf rechts aufeinander und stecke die Schulternähte zusammen.
6. Schließe die Schulternähte.
7. Stecke die Ärmel gemäß den Markierungen am Ärmelausschnitt fest.
8. Nähe sie am Kleid an. Jetzt wäre auch der perfekte Zeitpunkt, um die Ärmelsäume zu versäubern.

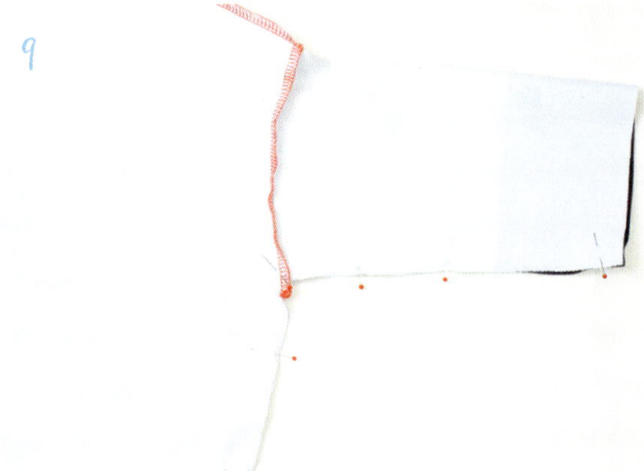

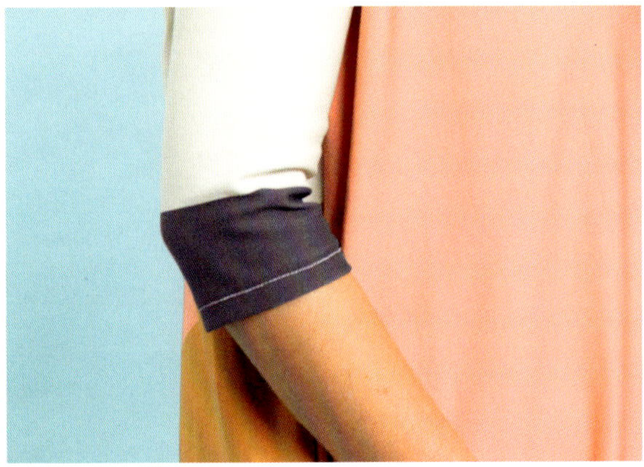

9. Lege Vorder- und Rückteil rechts auf rechts aufeinander. Nun werden die Seitennähte geschlossen. Achte dabei darauf, dass die Nähte unter den Armen exakt aufeinanderliegen. Beginne am Ärmelsaum und nähe bis zum unteren Saum alles in einem Zug zusammen.
10. Nähe das Halsbündchen, wie auf S. 29 erklärt, an.
11. Versäubere Ärmelsäume und unteren Saum und verarbeite sie jeweils als offenkantige Säume.

Wilma #2

KLEID MIT SEITENTASCHEN

Kleid Wilma mit Seitentaschen ist ein wenig unauffälliger als mit den Nahttaschen. Aber super praktisch und lässig im Oversized Look.

Material

- Jacquardjersey in Blau
  Größe 34–38: 130 cm
  Größe 40–44: 200 cm
- Bündchenstoff in Dunkelblau: 20 cm

Zuschnitt

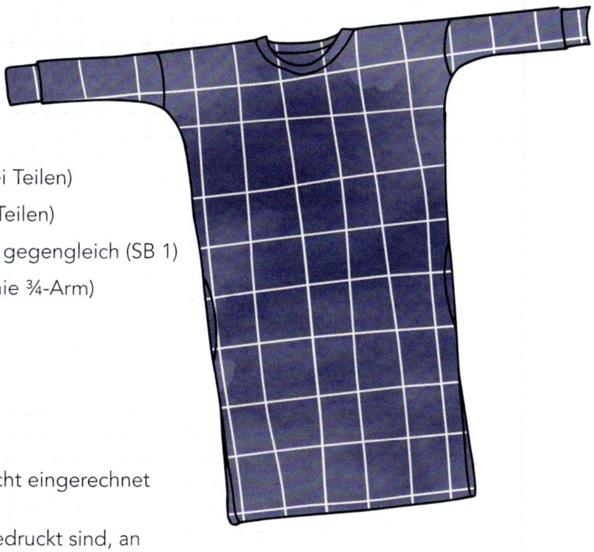

AUS JAQUARDJERSEY

- 1 x Vorderteil im Bruch (SB 3, in zwei Teilen)
- 1 x Rückteil im Bruch (SB 4, in zwei Teilen)
- 4 x Taschenbeutel Seitennaht, je 2 x gegengleich (SB 1)
- 2 x Ärmel gegengleich (SB 4, bis Linie ¾-Arm)

AUS BÜNDCHENSTOFF

- 1 x Halsbündchen im Bruch (SB 2)
- 2 x Ärmelbündchen (SB 4)

Nahtzugaben sind im Schnittmuster nicht eingerechnet und müssen noch hinzugefügt werden.
Die Schnittteile, die in zwei Teilen abgedruckt sind, an der entsprechenden Klebkante zusammenfügen.

Los geht's

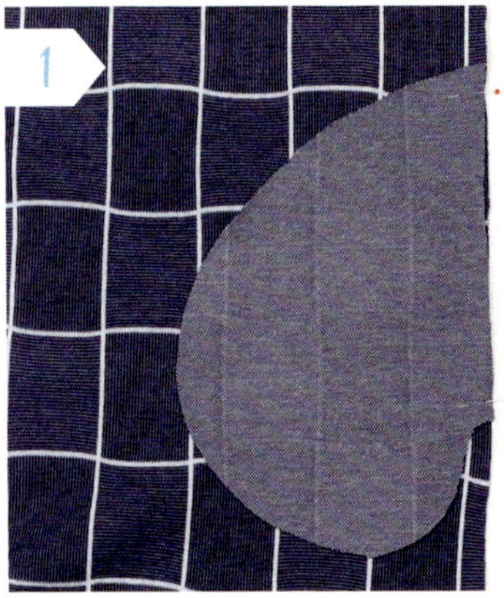

3

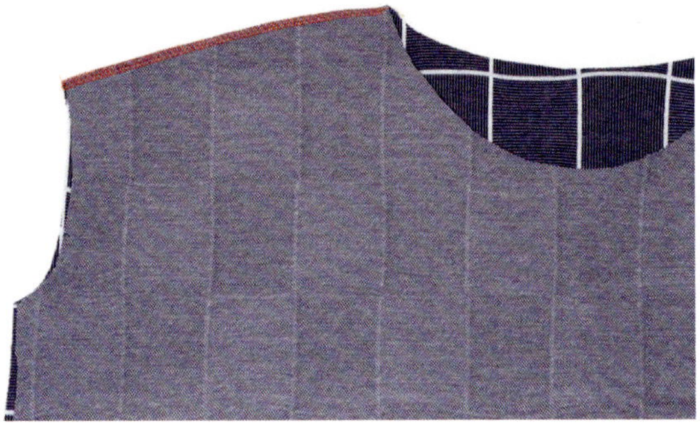

2

1. Nähe zuerst die vier Taschenbeutel entsprechend der Markierungen rechts auf rechts am Vorder- und Rückteil fest.
2. Als Nächstes nähst du die Schulternähte. Lege dafür Vorder- und Rückteil rechts auf rechts aufeinander und stecke die Schulternähte zusammen.
3. Schließe die Schulternähte.
4. Stecke die Ärmel gemäß den Markierungen am jeweiligen Armausschnitt fest und nähe sie am Kleid an.

5

7

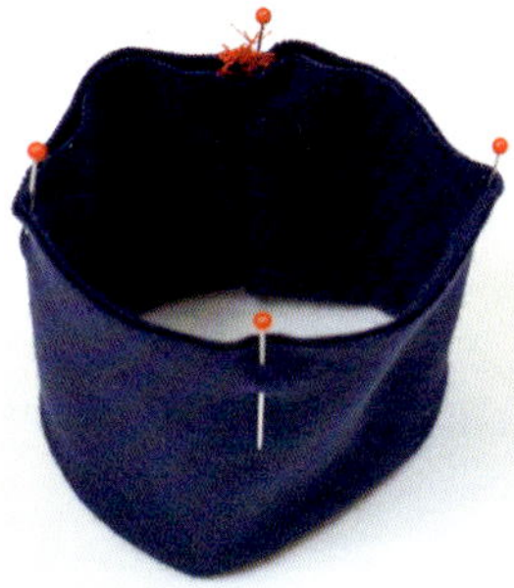

6

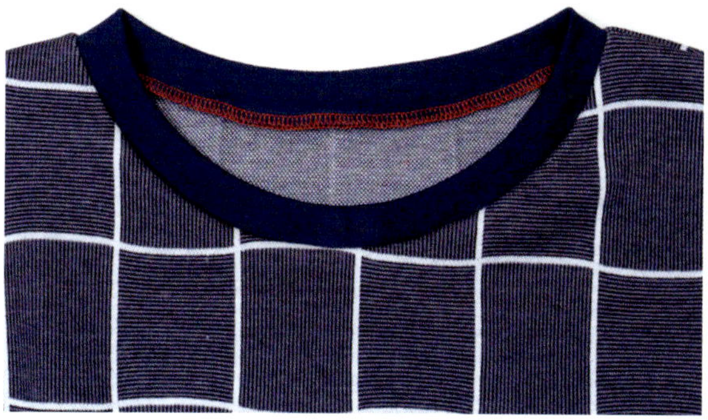

8

5. Lege Vorder-und Rückteil rechts auf rechts mit ausgeklappten Taschenbeuteln aufeinander. Nun werden die Seitennähte geschlossen. Achte dabei darauf, dass die Nähte unter den Armen und die Taschenbeutel exakt aufeinanderliegen. Beginne am Ärmelsaum und nähe bis zum unteren Saum alles in einem Zug zusammen. Achtung: Auf keinen Fall den Tascheneingriff zunähen!
6. Nähe das Halsbündchen, wie auf S. 29 erklärt, an.
7. Bereite ebenso die Ärmelbündchen vor (siehe S. 30).
8. Nähe die Bündchen an die Ärmelsäume an. Versäubere zum Schluss den unteren Saum und verarbeite ihn als offenkantigen Saum.

Wilma #3

SHIRT MIT V-AUSSCHNITT

Das Shirt Wilma ist schnell genäht und passt superlässig zu Jeans oder Rock. Einfach ein tolles zeitloses Basic-Teil.

Material

- Tencel-Jersey in Rost oder Senfgelb: 90 cm
- Vlieseline G 700: 5 x 5 cm

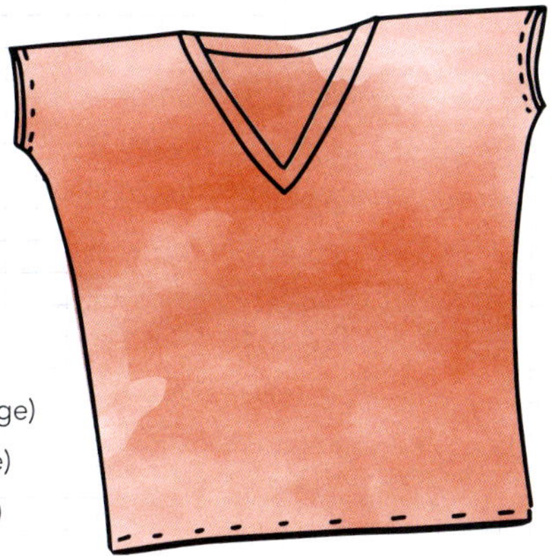

Zuschnitt

AUS TENCEL-JERSEY

- 1 x Vorderteil im Bruch (SB 3, bis Linie Shirtlänge)
- 1 x Rückteil im Bruch (SB 4, bis Linie Shirtlänge)
- 1 x Halsbündchen V-Ausschnitt im Bruch (SB 1)

Nahtzugaben sind im Schnittmuster nicht eingerechnet und müssen noch hinzugefügt werden.

Los geht's

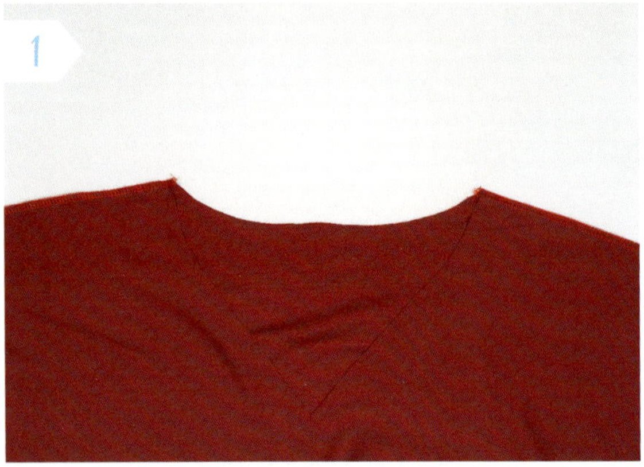

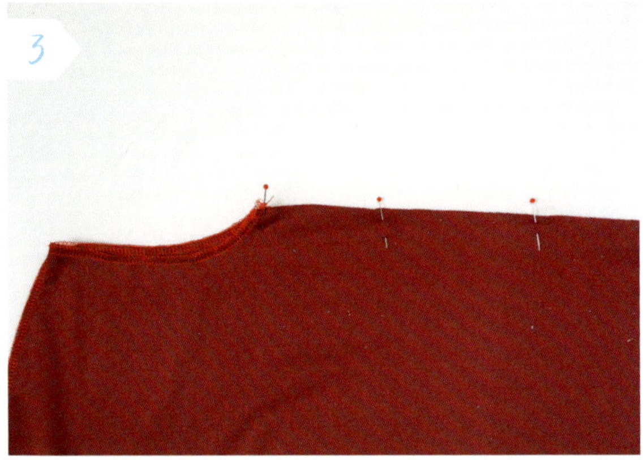

1. Schließe zuerst die Schulternähte. Lege dafür Vorder- und Rückteil rechts auf rechts aufeinander, stecke die Schulternähte und nähe sie zusammen.
2. Versäubere die Ärmelsäume mit einem Zickzackstich oder mit der Overlockmaschine.
3. Lege Vorder- und Rückteil rechts auf rechts aufeinander. Schließe die Seitennähte mit einem einfachen Geradstich.
4. Nun wird der V-Ausschnitt genäht. Bügle zunächst ein Stück Einlage auf die Ecke am Ausschnitt.

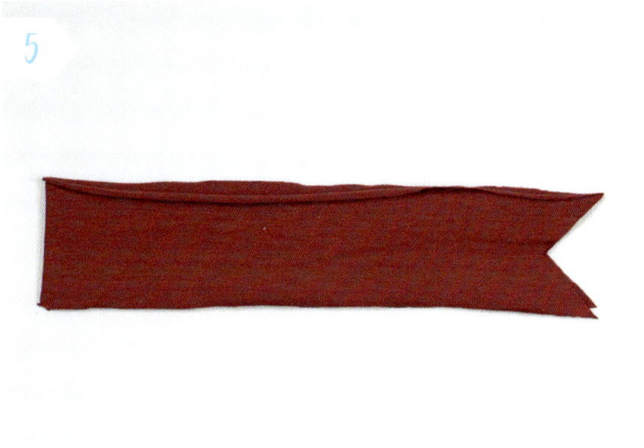

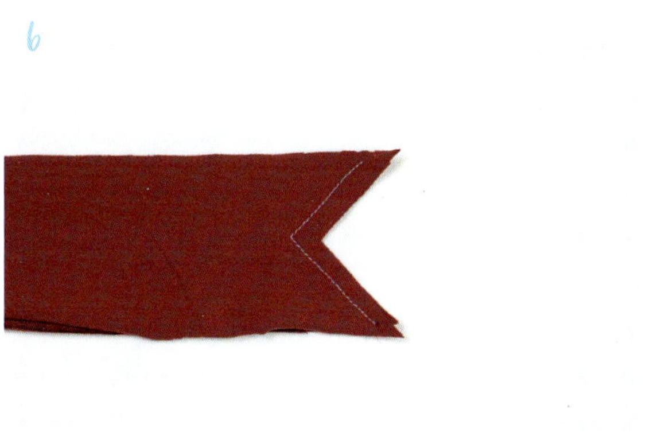

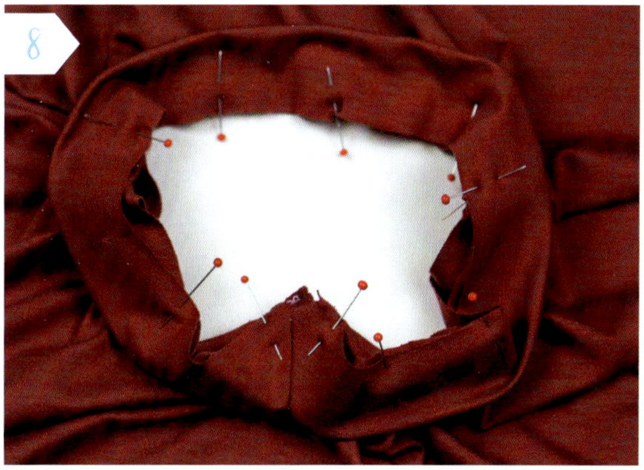

5. Falte den Bündchenstreifen in der Höhe links auf links zusammen. Schräge die Enden im 45-Grad-Winkel ab. Wenn du den Streifen aufklappst, wird ein nach innen gerichteter zackenförmiger Einschnitt sichtbar.
6. Nähe die Enden des Bündchenstreifens entlang des Einschnittes mit einem Geradstich zusammen.
7. Lege den Streifen in der Höhe links auf links aufeinander. Die Spitze des Vs wird sichtbar. Die überstehenden Nahtzugaben kannst du abschneiden.
8. Stecke das Bündchen rechts auf rechts an den Ausschnitt. Beginne an der Spitze des V-Ausschnitts. Jetzt kannst du den Rest des Bündchens gemäß der Markierungen am Ausschnitt feststecken. Überprüfe noch einmal, ob die Spitze des Bündchens schön in der Spitze des Ausschnitts liegt, und nähe dann das Bündchen, gleichmäßig gedehnt, am Ausschnitt fest.

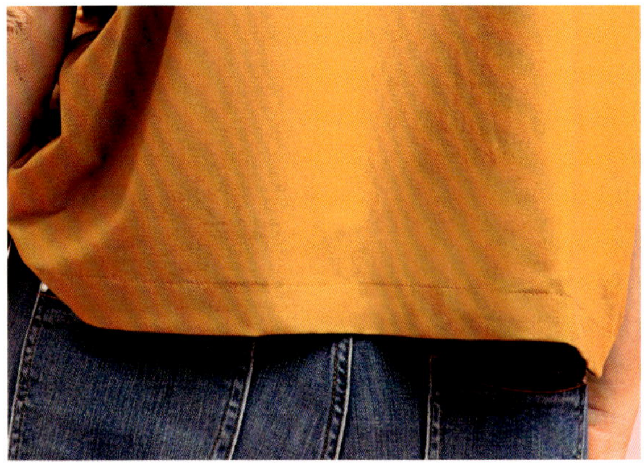

9. Als nächstes kommt der Ärmelsaum: Bügle die Nahtzugaben ins Shirt und steppe sie knappkantig rundherum von rechts ab. Verwende einen dehnbaren Stich deiner Nähmaschine. Schlage danach den unteren Saum zwei Mal um und bügle ihn sorgfältig. Stecke ihn mit Nadeln fest und nähe ihn füßchenbreit fest.

VARIANTEN DES Probenähteams

Miriam hat sich für eine Variante aus gestreiftem Jersey entscheiden. Dadurch fällt Wilma etwas leichter. Ohne Taschen und mit den Schlitzen wirkt Wilma richtig schick!

Wilma als Shirt aus Streifenjersey. Ein super Basic Oberteil hat sich Kathi gezaubert!

Nicole hat Wilma mit Fronttaschen genäht. Aus kuscheligem Sweat mit Kapuze wird daraus einrichtiges Wohlfühlteil!

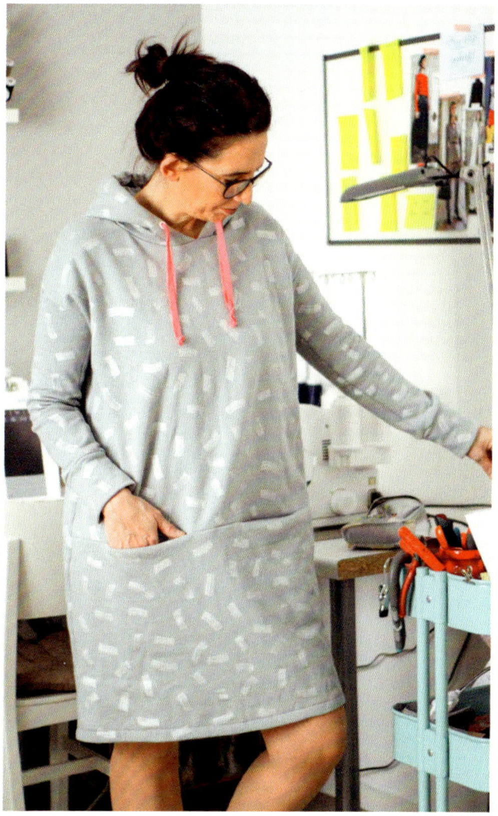

Nadjas Oberteil Wilma aus Viskosejersey fällt schön lässig und passt super zur Jeans.

Von Herzen Danke

Auf diesen Moment habe ich lange gewartet und ihn mir bis ganz zum Schluss aufgehoben. Mein größter Dank geht an meinen Mann, the one and only Ranger und an meine drei Töchter Lorena Sophie, Antonia Liva und Wilma Maxima, ohne die ich gar nicht auf die Idee gekommen wäre, das Nähen zu lernen. Zugegeben, ich habe ihnen in dieser aufregenden Zeit des Buches mehrmals angedroht, sie hier, aufgrund mangelnder Performance, nicht zu erwähnen. Aber dann hat ja alles reibungslos geklappt – ohne nennenswerte Familiendramen. Ich danke meinen Eltern, die uns so selbstverständlich unterstützen. Danke an meine Freunde und Nähfreundinnen für ihr immer offenes Ohr und die guten Tipps. Besonders Mira. Danke Norah Jones – ich habe sie fünf Monate in Dauerschleife gehört, und sie nervt mich immer noch nicht.

Danke an meine Lektorin Judith vom EMF Verlag für ihre Begleitung und dafür, dass sie ausgerechnet mich ausgesucht hat. Wenn die Chemie stimmt, dann läuft's einfach.

Ich bin glücklich, dass ich mit so tollen Frauen zusammenarbeiten durfte. Cleo von Pinsel und Kamm, Corinna Brix und Julia – sie haben unseren Shootingday für mich zu einem unvergesslichen Tag gemacht.

Danke an die Firma Swafing für die tolle und professionelle Zusammenarbeit und die Umsetzung meiner Stoffdesigns aus der Kollektion BLOSSOM.

Zu guter Letzt möchte ich mich bei meinem Probenähteam bedanken.
Ein Haufen so verdammt kreativer und zuverlässiger Mädels:

Mira von @mirarostock
Julia von @sewingdoc
Ingrid von @maphi4444happy
Manu von @insolitabymanuela
Nicole von @miniwoelkchen
Jenny von @by.tutti
Eva von @frau_poorthuis
Nadja von @liael.ch
Annika von @frau.a.w
Milla von @million.things.to.sew
Maxi von @ixami.diy
Dana von @naeh_wat_schoen

Nadine von @sew.la.vie
Eva von @evas_naehwerk
Antje von @leniundlivi
Vanessa von @doppelschneider
Kathi von @kathisnaehwelt
Dominique von @kreamino
Enke von @enkekristinawalther
Laura @_laurenzia_
Marina von @strickmonster_brand
Mela von @ironneedle
Miriam von @mecki_macht
Sindy von @meingewissesetwas

Über die Autorin

Sabrina Kerscher alias brinarina lebt mit ihrem Mann und ihren drei Töchtern im fränkischen Coburg. Wie viele junge Mütter, begann auch sie mit dem Nähen, als ihre Kinder klein waren. Mittlerweile näht sie sich den Großteil ihrer Garderobe selbst. Am liebsten natürlich, wie soll es anders sein – KLEIDER! Vor fünf Jahren eröffnete sie ihren ersten Stoffladen in Erding, den zweiten im letzten Jahr in Coburg. Täglich von ihren Lieblingsstoffen umgeben, gibt sie Nähkurse und Tipps und Tricks rund ums Nähen. Darüber hinaus entwickelt sie auch eigene Stoffdesigns. Ein Teil ihrer neuesten Kollektion BLOSSOM ist in diesem Buch vertreten und natürlich im Handel oder direkt bei brinarina erhältlich.
www.brinarina.de

Auf ihrem Instagramkanal @brinarina_stoffe_naehart gibt sie erfrischend ehrliche Einblicke in ihr Leben als selbstständige Dreifachmama mit dem Hang zur Selbstironie.

Bibliografische Information der Deutschen Bibliothek.

Die Deutsche Bibliothek verzeichnet diese Publikation in der Deutschen Nationalbibliografie.
Detaillierte bibliografische Daten sind im Internet über http://www.dnb.de/ abrufbar.

EIN BUCH DER EDITION MICHAEL FISCHER

2. Auflage 2020

Cover, Layout und Satz: Bernadett Linseisen
Redaktion und Lektorat: Judith Wiedemann
Bilder: © Corinna Brix, München (Cover, Aufmacherfotos);
© Sabrina Kerscher (Grundlagen- und Schrittfotos); © smash338/Shutterstock
(S. 63, 81); © TairA/Shutterstock (S. 42, 45, 119)

ISBN 978-3-96093-723-4

Gedruckt bei Polygraf Print, Čapajevova 44, 08001 Prešov, Slowakei

www.emf-verlag.de